「生きる力」を取り戻せ

志・感謝・公憤
――心を燃やす"原動力"の引き出し方

ほめ育グループ代表
原 邦雄
×
行動力カメラマン／一般社団法人アジア支援機構代表理事
池間哲郎

Clover
クローバー出版

出版にあたって

～まえがきにかえて

２０２０年の新型コロナウイルス感染症（ＣＯＶＩＤ－19）の流行により、世界中が大きな影響を受けています。

日本でも、

「将来に不安を感じる」

「このまま、混乱に流されてしまって大丈夫なのか？」

「今までの計画通りにはいかず、何かを変えないといけない」

「だが、どうすればよいのか？」

「どうにもできない気がする……」

このように自信をなくしかけ、日々に流されて情熱を失っている30代～50代の声を多く聞くようになりました。

以前の暮らし方・働き方に戻ることは難しく、新しい生活様式での生き方を選ばざるを得ない状況。

ですが、この状況下の日本でも、情熱と誇りを持ち理想の未来を夢見て、駆け続けている人たちがいます。

本書の共著者である池間哲郎氏と原邦雄氏です。

アジアを中心に学校や井戸建設など様々な支援に取り組む行動カメラマンの池間哲郎氏は衰退する日本の現状に危機感を持ち、だからこそ「国際協力を通した日本をよくする運動」に長年取り組んでおられます。

そして本書発刊のきっかけをつくってくださった原邦雄氏。多くの著作を持つ原氏は「ほめる」重要性を教育に取り入れた「ほめ育」を開発し、その教育プログラムを世界に広め、精力的に活動を続けています。

おふたりが発するエネルギーと実際の行動が、多くの人の心に火を灯《とも》し、多くの人の生き方を前向きに変えてきました。

これから大きく変化する日本において、再び情熱を持ち、強く生きる日本人を増やしたい。

そんな大人の背中を見て育つ子どもを増やしたい。

私たちＣｌｏｖｅｒ出版 編集部では、その思いを原動力として、おふたりの対談と書下ろしを１冊の本にまとめ、これからの日本をつくっていく中堅世代に届けることにしました。

第１部はおふたりの対談です。従来ですと巻末に入ることが多い対談ですが、本書のメッセージを率直に伝えたく、あえて冒頭に持ってきました。ここでは「生きる力を取り戻す」というテーマで、今の日本人に対して感じていることを熱く語っていただきました。かなり率直で、心に刺さる内容です。

第２部の原氏の書下ろしでは、未来は自分の手で生み出せること、原動力を手に入れることの大切さ、「ほめる」ことが行動を加速させることを書いていただきました。今の自分を少し変えるだけで、欲しい未来を手にできる……そんな勇気を得られるはずです。

最後、第3部の池間氏の書下ろしでは、日本の歴史を学ぶことの大切さ、ボランティアから見た日本を書いていただきました。日本人の無知や、アジアの貧困状況を知ると胸が痛くなりますが、だからこそ、今の自分に誇りが持てる行動が必要なのだと実感できることでしょう。

「生きる力を取り戻す」には、思いを、心を燃やし続ける原動力が必要です。その燃料となる原動力をこの1冊にふんだんに詰め込みました。

勇気と元気を得て、今日から熱い気持ちで生きられる、そんな一歩にしていただけたら幸いです。

2021年2月吉日

Clover出版　編集部

目次

「生きる力」を取り戻せ　志・感謝・公憤――心を燃やす〃原動力〃の引き出し方

第1部

スペシャル対談

「受難のときこそ、生きる力を取り戻せ！」

ほめ育グループ代表　原邦雄
×
一般社団法人 アジア支援機構代表理事　池間哲郎

第2部

「いつからだって、未来は切り開ける」

望む未来のつくり方

ほめ育グループ代表
原 邦雄

第1章 自分の未来は選べる

第3章 行動を加速させる〝ほめる力〟

第3部

未来の日本のあり方

「歴史を学び、誇りをもつ人になろう！」

一般社団法人 アジア支援機構代表理事
池間哲郎

第1章　歴史を学ぶことで真の感謝が生まれる

第2章 「ボランティア」から見えてくる変わりゆく日本と日本人

第1部

スペシャル対談

「受難のときこそ、生きる力を取り戻せ！」

ほめ育グループ代表
原 邦雄

×

一般社団法人 アジア支援機構代表理事
池間哲郎

今の日本、生きる力が弱まっていないか？

原邦雄（以下　原）　「生きる力を取り戻す」を対談のテーマとして、ぜひ、いろいろと聞かせてください。よろしくお願いいいたします。

池間哲郎（以下　池間）　良いテーマですね。今の日本人に一番足りないのは、まさに「生きる力」だと痛感しています。

日本人は「自分達は（他国の人々より）優れている」と知らず知らずのうちに思い込んでいる節がよく見受けられますが、本当にそうでしょうか？「世界を見ると、そんなにずば抜けて優れているわけではない」ということに日本人が一刻も早く気づき、世界から日本人がどう見られているかを知って「自分達がもっとしっかりしなければ」という意識が芽生えることを常に願っています。

全国の学校からオファーされる講演も、「生きる力を育む」という内容で話をしてほしいというものが多いですね。**学校教育が掲げる最たるテーマも「生きる力」だということ**です。これは長い間、変わっていません。

原　確かに、今の日本社会は自死に関連した悲しいニュースが多いですし、いろんな意味で今の日本人は弱いと感じます。それは精神面だけではなく身体的な面も。池間先生、私は今、トライアスロンをしているんです。

池間　知っていますよ。フェイスブックを見ました、凄いね。

原　今年は、今の倍の距離設定にしようと考えています。私は43歳からトライアスロンを始めましたが、それまでの私は好きなだけお酒を飲んで、食べたいだけ食べる生活を送っていました。トライアスロンにチャレンジし始めてからは、食事内容を変え、トレーニングすることが当たり前の生活を送っています。

元々、心身共に元気でしたが、生活スタイルを変え、それを継続したことで、さらに元気になったと感じています。体が元気になったからか、仕事、家族、勉強など全てのことがますます楽しくなりました。この変化を体感し、心だけではなく体も鍛える必要があると実感しています。池間先生ともつながりのある八尾彰一先生からトライアスロンを教えていただいています。

池間　そうでしたか。

原　昔の日本人は強かったとよく言われますが、基本的に体が強かったのではないでしょうか。ずば抜けた体力があったから、心身共に強い状態を保て、よく動き、よく働けたのではないかと思います。それに比べると、現代の日本人は弱くなっているのは否めないでしょう。人として、日本人として、絶対に成し遂げ、後世につなげていく必要があることがたくさんありますが、その基準がだいぶ甘くなり、ハードルが低くなっているように感じます。

人それぞれ、夢やビジョンがあると思いますが、２０２０年はコロナ禍の影響で未来に対して不安を持つ人が増えましたよね。逆に、選択肢が増えた人もいると思います。根を張って生きる人生、そして**己が信じた道を進むためには、過去と向き合い、きちんとした知識を得ることが重要**です。

池間　まさにその通りです。

原　だからこそ、池間先生の本を読んでほしいですね。池間先生の本を読むことで、湧き上がってくる感情や想いが必ずあるはずです。そして、自分が何をしないといけないかがわかるのではないでしょうか。みなさんそれぞれに業《ぎょう》(なすべきこと)を持っていると思いますが、一人ひとりが自分の業を通して、真剣に「生き抜くこと」を考え始めるきっかけになるのではと私は考えています。

池間　有難うございます。心身共に「生きる力」が弱まっているという感じですね。精神面でいうと、団塊世代の弱さが出ているのが今の状況ではないでしょうか。彼らから教育を受けた団塊ジュニア世代が一番しっかりしないといけない時代なのに、弱っている人が多い印象です。

それはなぜかと考えた時に、「人としてしっかり生きる」とか、「男らしく在る」とか、そういう単純なものが途絶えてしまったからではないかと。今は親が子どもを守り過ぎていると感じます。子どもに優しくするのはよいのですが、優しいだけで人生を生きられるかというと、それは難しい。**生きていくには強さが必要**です。優しさだけを教える教育では、生きる力を育むのは無理です。

これまで私は、若い人と接する機会に恵まれてきました。20年以上、大学で学生に教えていますし、私の主宰する塾や講演会に参加してくれる30代から50代の若いビジネスマンもたくさんいます。そんな中で感じる**今の若者の特徴を挙げると、「自分のことにしか興味が持てない」ということ。**これが日本の一番の欠点ではないでしょうか。

原　そうですね。

池間　私は営業の世界でも生きてきましたが、人とつながるためには「自分を抑えて相手の話を聞く」のが礼儀であり、それは信頼関係の構築に欠かせない大切な要素。ですが、これができない若者が本当に多い。講演後の二次会などの場に招かれても、私が話しかけない限り誰も口を開こうとしない。仕方なく、私から彼ら一人ひとりに質問をしていく。しかも、彼らから聞きたいことを尋ねるのではなく、彼らが何を言いたいかを私がひたすら考えて質問していくので、本当に疲れます（笑）。

原　私もそれは感じています。

池間　これは、本当に大変なことです。大学生なのに、口を開けたヒナに親鳥が餌を与えるかのように接しなければならない。彼らの間では一方通行のコミュニケーションが主になっているのか、相互理解や対話という概念は薄いように感じます。自分の近況を話し終えたから、じゃあ次の人に話してもらおうというのは一切ありません。まるで、コミュニケーションが相互通行で成り立つことを知らないかのようです。親鳥が甘やかしたため、可愛らしいヒナのまま大人になっている、そんな印象です。しかし、彼らは鳥ではなく人間ですから、大人になれば、人間社会で生きていかねばなりません。だからこそ人間関係の形成力をきちんと育む教育をしなければならないですし、躾《しつけ》も必要です。
　与えて貰うことを待つのではなく、相手を認め、自分から働きかける。そういった意味で、「ほめる力」というのはとても大事ですね。「ほめる」というのは人間関係の形成過程において、一番の潤滑油になり得る行為ですから。

原　「ほめ育」は、躾《しつけ》もとても大切にしています。別章（第2部第1章）に書いていますが、親や先祖、先人に感謝しようと思うと、知識が必要になります。先祖に感謝と言いながら、自分の祖父母のフルネームを言えないのはどうなんだろうと思いますね。「今日は亡くなったおじいちゃんの誕生日だね」という会話ができる家庭はどのくらいあるのだろうかと思います。

池間　そういうのは大切ですね。

原　自分の家族の誕生日を覚えていない人もいますよね。歴史を知る前に、知識がないと感謝することはできません。しっかりとした必要な知識を大人が子ども達に伝えていかないといけないですし、私達の世代が池間先生から教えてもらったことも、後世に伝えていかないといけません。知識や慣習は伝え継ぐことで生き続けますから、私達の世代がまずそれを意識しないといけないと考えています。

池間先生は、我々に様々な情報を流してくださっていますが、まだしっかりとキャッチできていない人が多いと感じていますし、その意識がない人も多いでしょう。そういう意味でも、この本は私達世代に刺激を与えてくれるのではないかと思います。

池間 日本人は、日本の歴史や伝統・文化を伝え継ぐ習慣を元々持っていたのに、戦後教育でアメリカにかなり影響され、感覚的に捉えきれなくなっているのかもしれません。日本独自の良さに何となく気づいてはいても、根本からそれを理解し、伝え継ぐことができなくなっていると感じます。昔は何気なく、日常の中でみんながやっていましたよね。

揉《も》め事があったら神社に行って、神主さんに間に入ってもらい話し合って解決したし、子どもの名前を神主さんにつけてもらい、その土地の神社と共に生きるのが当たり前でした。ですが、それをGHQ（連合国軍最高司令官総司令部）が禁じてしまった。そのために伝え継ぐことができなかったことがたくさんあります。現在、その結果が出始めている。これを放っておくともっと酷い状態になる、と危惧《きぐ》しています。

原　確かに、そうですね。

池間　先日、ある中国人と話をした時にこう言われました。「中国人は性格のきつい人が多いけど、根性はある。日本人は大人しいけど根性がない。生きていくうえでは根性がないほうが問題だと思わないか？」と。私もその通りだと思います。**日本人は根性がない。根性は生きる力につながっているのにね。**成功者には性格がきつい人も多いですよ（笑）。

日本人は「いい人」が多過ぎるのです。綺麗に生きようとだけするのは止めたほうがいい。ガツガツした生き方も時には必要です。聖人君子では人生を歩みにくい。常時、いい人である必要があるのかな、と私は疑問に思っています。これは別の教育論になってしまいますが。

綺麗事だけでは、世界では生き残っていけないぞ

原　私もそれは思いますね。独立して海外に行って仕事をすると、綺麗事だけでは無理だと痛感します。相撲でいうと、綺麗な技だけでは絶対に勝てない。いろいろな技を使わないと勝てないのです。

池間　これからは、そういう現実を伝えていくのがいいかもしれませんね。**日本人は綺麗事ばかり**なんですよ。何かあると「揉め事を起こすよりはいいんじゃない？　まぁまぁ……」と事なかれ主義で。しかし、社会も時代も変化しているから、次第に通用しなくなってきているところもありますが。今までの日本的思考だけだと、駄目になってしまうでしょう。

原　痛切に、そう感じます。

池間　私の国際協力の現場についても、**これまで見せてこなかった「悪」の部分もどんどん見せる**ようにしています。隠すのはもう終わりです。日本では想像し得ない汚い世界がありますが、それらをきちんと教えていこうと考えています。日本的な感覚で安易にお金を渡すと、使い込まれて逃げられる。それが海外ではよく起きる。せっかく井戸を掘っても、隙をついて機械を盗まれ、売却される。これも珍しいことではありません。
事が起こってから動くのではなく、事前に対処しないといけない。みんなで監視することはもちろん、機材等を盗まれた場合などの条件を、事前に契約に盛り込んでおくことが必要です。「普通」の感覚が、日本と海外ではまるで違う。まずは**日本人がその現実を知り、海外の「普通」に合わせていかなければなりません。それに対処する強さが必要**です。

原　私が海外でのビジネスに挑戦しようと考えて、初めてアメリカの有名な会社に連絡をした時、私の第一声はとても直接的な口調でした。「あなたの会社の業績を半年間で120%アップできるコンサルタントが日本から電話しているから契約しませんか？」と。挨拶や自己紹介なんてしません。電話代もかかりますから。その後に何往復かやり取りをして、向こうから「もう電話しないでください」と言われて終わり。その後は日系社会にターゲットを変えたのですが、日系社会もいろんな顔があることを知りました。とんでもない金額の見積もりが来たり、日本のビジネスでは考えられないことが次々と起きましたね。想定外が続き過ぎて、その時に世界の広さと凄さを痛感しました。

池間　そう、それが世界です。でも日本人はそんなことは想定していないから、痛い目に遭いやすい。世界で何かをするなら、現実をしっかり知ってから付き合うことが大事です。これから先、日本もますますグローバル化していくのですから、若い人達はとくに、日本だけを注視するのではなく、いろんな知識を持って広く物事を見ることが大切です。世界は表ばかりではありません。裏が必ずある。それはどの国も同じでしょう。その両面をしっかり知ることも大事。そしてできれば、**世界を舞台に活躍できるように自分を作って挑戦していってほしい**なと思います。

原　私もそう思います。

池間　最近、トヨタが中国に投資していることを批判しているのをよく見かけますが、本当はアメリカには中国の何倍もの巨額投資をしている。それを知ってか知らずか、中国への投資だけを責め立てる人がじつに多い。今の日本人はどこかがズレてしまっています。あからさまに他人を叩くようになってきている。そんな行動は、以前の価値観では「恥」でした。他人を批判したり叩いたりすることは恥ずべきことであり、自分の感情を抑え、冷静に見て考え、判断するのが当たり前でした。今は他人への嫉妬の感情が勝っていますね。頑張っている人を応援しよう、という姿勢も失われつつあります。その弊害で、重要なことなのに表現できなくなったこともたくさんあります。

日本が弱くなった一因に、日本全体が幼児化していることも挙げられるのではないでしょうか。それをどう改善していくかです。日本がこんな状況だからこそ、「ほめる教育」は大切だと思います。

現代の日本人は、心から燃えるものを持っているか？

原　若者でもがんばっている人はたくさんいますし、年配者でも自分のことしか考えていない人もいますから、ほめる教育で多くの人に好影響を与えたいです。

原　池間先生に、昔の日本人の外交、例えば1919年のパリ講和会議でのことをお聞きしたいです。当時、アジア人の地位は高くなかったはずです。そういう状況下で、当時の日本人のモチベーションがどうだったのか、外交はどんな感じだったのか。私のイメージでは、下手《したて》に出ながらも自分達の意見をズバッとぶつけていたのでは、と思っているのですが。

池間　当時、日本人は白人に「サル」とみなされていました。白人にペコペコするアジア人の姿や、有色人種を人間扱いしない白人の様子を目の当たりにし、そこに危機感を持った高杉晋作をはじめとする人達が一生懸命に近代化を進め、それが成功しました。

日本にとっての大きな転機は日露戦争でしょうか。当時、「サル（日本人）が人間（白人）に歯向かった！　サルが人間を負かしてしまった！」と言われていました。また、世界各地に移民した日本の人々が、それまで作り上げてきたものを簡単に取り上げられたりしてとても苦労しています。そんな中、**パリ講和会議において「全ての人は平等であり、肌の色などで差別してはならない」という人種的差別撤廃提案を出したのが日本なんです。**植民地でやりたい放題していた白人達はこれに対して憤慨しましたが、有色人種の人々は歓喜しました。そういった流れも、先の大戦の要因の一つだとも言われています。

原　やはり、昔の日本人はそうだったのですね。

池間　はい。ある側面から見ると、中国とインドと日本が手を組むことになれば、白人は何も言えないでしょうね。今まで人間扱いしてこなかったアジア人のほうがあらゆる点で上回ってしまうのですから。また、これは別問題ですが、中国が伸びると日本は大変です。２０４５年には中国が世界のトップに立つと現時点では言われています。それを考えると、弱い国でもいいから、他国に絶対に負けないものをこれからの日本人も作っていかなければなりません。そのためには、**憶測や先入観は捨てて、事実を見つめて客観的に分析し、知識を得る。まずはきちんと分析できる人を作らないといけない**でしょう。

原　**今の若い世代の人達は、社会に対する「公憤」**（正義感から発する、公のことに対する**憤り）「義憤」**（正義・人道が行なわれていないことへの憤り）**「志」など、心が燃えるものがないというか、燃えるような知識や感覚もないのではないか**と思います。私は池間先生の本などを読むと気持ちと体温が上がりますが、それが若い人にはない。でも、それは若い人のせいではなくて、そういう環境を作れない大人の責任のように思います。地上波、ネットの情報発信、教育環境は大人が作っています。昔は、「公憤」「義憤」「志」などが芽生える環境があったし、そういう情報を発信していました。例えば、新聞。戦前のトップ紙面は必ず世界から見た日本のニュースでした。日本は世界のリーダーなんだと感じる環境がありました。

でも、今は違います。「公憤」や「義憤」という言葉自体を聞かなくなりましたし、それらに触れる機会もほぼありません。花を咲かせようにも、そもそも種がないのです。一方的に大人が「芽を出しなさい」と言ったところで、その種を蒔いたのかどうかがわからない。子どもからしたら、「そもそも種がありません！　種は大人が植えるものじゃないの？　種も私達に買えというの？」となる。それはあまりにも酷だと思うのです。

池間　そうですね。

原　「原君は、公憤の塊《かたまり》だね」と言われたことがありますが、それは私の父が幼少期に私の中に種を植えてくれたからだと思います。それが成長し、芽が出て伸びていく時に池間先生に出会ったことで、開花したと考えています。私が気にかかるのは、公憤を感じていても、今はそれを言えない環境になっていることです。それも日本人の弱さに影響があるように思います。

池間　なるほど、お父様のおかげだね。

原　現代は、情報はネットで収集するのが当たり前になっていますが、ネットは余計な情報が多過ぎて、どの情報をキャッチすればいいのかわからないことが多いです。選択の基準、決断や選択の基準も見当たらない。でもネットがあるから、世界中とつながることができるし、家にいながら何でもできて、何でも手に入ります。

でも、**今の若い人は何もしない。平和だからか、幸せなのか、満たされているからかわかりませんが、何もしなくても楽しいし、生きていける環境にある。何もしなくても不自由がない**のです。それが当たり前という環境しか知らないのだから、若い世代が戦争のことをわからない、知らないというのは仕方ないかもしれません。

池間　日本は、ただの温室になってしまったのかもしれませんね。私はいつも自然の風景を見ていろいろ考えます。自然から「生きるとは何か」を感じています。例えば、日本海側の松。吹き荒《すさ》ぶ強風で幹が斜めになってしまい、地面に這いつくばるように佇《たたず》んでいるでしょう。私はそれを見るととても感動するんです。**どんなに厳しい状況でも這いつくばって生きる……人生もそういうものではないか、**と思うのです。

でも、今の日本には真っ直ぐなひょろひょろっとした木しか育たないのかもしれませんね。これは日本人の生き様のことですが、強い風も当たらず、強い日差しが当たることもなく、極寒の時もない、暖かい世界で生きてきて、それが当たり前と思っている。

原　木の比喩は、まさにその通り。言い得て妙だと思います。

池間　家庭環境も大きく変わりましたね。親子の距離がますます近くなり、親より子どもの立場が上になってしまっている。社会全体を見ても、子ども中心の社会になってしまっていることが、日本人が弱くなった原因の一つかもしれません。

子どもが偉そうなことを言うと「子どもが何を言っているんだ！」と親が叱る、昔はそれが普通でした。子どもは父親に叱られるのを何より恐れたものです。母親が何を言っても耳を貸さない子どもが、「お父さんに言うよ！」の一言で素直になり、恐れながら「ごめんなさい」と観念したのが昔の家庭。父親の出番は年に何回かだけ、ここぞという時に叱るのが役割で、いわゆる「最後の砦《とりで》」だったんです。それが良いとされたのが昔の教育で、当たり前でした。でも今は違う。今の子どもは父親を怖がらないですよね。大人と子どもは同権だというのが当たり前になっていて、子ども自身もそう思っている。私はそこに違和感を覚えます。

親子だけではなく、先生と児童・生徒もそう。このやり方では師弟関係は育ちません。子どもの親が教師を舐めているから、子どもも真似して教師を舐めてしまい、学級崩壊が起こる。結局は広がらなくてよいものばかり伝染しているように感じます。

社会の流れを見ると、現時点で世間に定着している常識や環境を覆《くつがえ》すのは大変なことです。これはなかなか難しい。全体論を一気に解決するのは難しいですから、まずは**親世代がしっかりした考えを持ち、他人の意見に流されず、自身の信念に基づいて子育てをするという意識づけ。これが大切ですね。**

原　信念と言えば、昔は家訓がありましたよね。でもいつの間にかなくなってしまいました。先祖から受け継ぐ考え方や信念があり、それを表現したのが家訓でした。それを時代に合わせて言葉を付け加えたり、たとえや解釈を変えたりして、一体いつの間に消えたのでしょうか。

池間　家訓も含め、日本らしいものが消えつつありますね。一番のきっかけは、ＧＨＱが敢えて「床の間」を取り払ったことです。「３ＤＫの公団住宅は素晴らしい造りである」という印象を日本人に植え付けて、床の間を取り上げ、日本らしさを破壊していきました。昔の家には当たり前のように床の間があり、仏壇がありました。格言をしたためた掛け軸が床の間に飾られ、壺などの焼き物や花が飾られていた。家族が集まり、親から子へ人生や生き方を語る、そんな大切な時間や場所が家にあるのが当たり前でした。

ですが、床の間を失うとともに語る場所がなくなり、家族が集う時間も激減。家に求めるのは生活するうえでの便利さばかりになってしまった。家々には家訓という名の教えがあり、代々語り継がれてきたことだったのに、アメリカが巧みな方法を用いて、日本の文化・慣習をことごとく潰していきました。「床の間」だけでなく、多くのものが取り上げられてしまっているのに、当の日本人自身がそれに気づいていない。だからこそ、早くそれに気がついて**踏ん張らなければ！　と奮起する日本人が増えてほしい**と願っています。

床の間が復活するのっていいと思いませんか？　掛け軸には良いこと、日本人が受け継ぎ、語り継いでいきたいことがたくさん書かれています。床の間を復活させ、掛け軸を見ながら、親から子どもに大切な教えを伝える、それをもう一度習慣づけるのもよいですよね。そこから教えられることはたくさんありますから。

原　確かにそうですね。

池間　一方で、親世代が子どもの障壁になっていると感じた出来事もありました。とあるＰＴＡ連合会にオファーされて講演をすることになり、アジアの子ども達の現状をお話ししました。すると大人達（役員達）から、「ここは日本で、外国とは違う。そのような話をされても、日本の子ども達に伝えることはできない」とはっきり言われたことがあります。これは大人が変だと思いませんか？　あまりにもよくわからない否定の仕方で、関わった教員も、憤慨していました。

原　よくわかります。大人達の偏った、もしくはよくわからない自信が教育の障壁になっているることは珍しいことではありません。大人の過干渉、過大要求への対策に苦慮されている教育現場の方も多いです。しかし、そういう大人に限って知識があまりないのに強く否定するのです。これは何だろうと思いますね。根深い問題になりつつあると感じますし、現状を危惧しています。

私は個人事業主に近い経営者なので、自分の考え方を変えれば周りに集まる人間も変わります。でも問題が大きくなることを防ぎたいから、もっと大きな枠で考え、日本を変えようと思っても、どこから手をつければよいのかと悩みます。

池間　それは由々しき問題ですね。

世界に日本教育の良さをアピールすることで、日本を変えていく

原　私は今、カタール財団主催の国際教育改革サミット「ＷＩＳＥ」に参加しています。世界１００ヵ国以上の国から教育指導者や教育産業に携わる人や学生が集まり、現在の課題や教育改革、教育の未来について論議し、アイデアを共有して協力しあいながら解決策を模索するためのグローバルなマルチセクターコミュニティーなのですが、その中で開催されるコンテストに登壇すべく準備を進めています。

日本には、欧米の有名な団体に認められた日本人の考えは、積極的に聞いて取り入れようという風潮があります。海外で受賞歴があるとなると、一気に講演のオファーや教育界で取り上げてもらう機会が増えます。そういう実績がない、ただの日本人の考えを聞いてもらおうとしても、日本では全く相手にしてくれません。内容を披露するまでに、気の遠くなるような時間がかかります。

できるだけ早く世に広めたいと考えていますので、アメリカに会社を作ったり、ＭＩＴ（マサチューセッツ工科大学）で講演したりしています。また、「ＷＩＳＥ」でのグランプリも見据えて、世界の影響力ある人たちと議論できる力を身に付けてもいます。日本だけでなく世界を見据えた計画が、結果的には日本の教育界から呼んでいただくことにつながっています。特に幼児教育界へは八田哲夫先生に指南していただき、約１００名のほめ育教育アドバイザーが誕生しています。

池間 日本人は、白人にほめられることに価値を感じます。同じアジア人にほめられても、響かないし喜ばない。それは日本人が心のどこかで何となく他国のアジア人は自分達より格下だと思い込んでいるからです。日本人は白人に弱い。イギリス人にほめられることは格別にうれしいという日本人が多いのです。

原さん、カタールで成功したら、次は北欧を目指してください。北欧で成功したら面白いですよ。北欧で認められると、日本人は絶賛します。またアメリカ人の教育方針も面白いから、ぜひ原さんが紹介してください。アメリカの中堅クラス以上の家庭では、ダディ（父親）の権力は絶対的です。子どもが何かした時に、ダディが机をバンと叩くだけで、子どもはさっと緊張し態度が変わります。アメリカ人女性もしっかりしていますよ。きちんと子どもを育て、厳しく躾をしています。日本人よりアメリカ人のほうがよっぽどしっかりしているかもしれません。きっと、学ぶことは多いでしょう。

教育や子育ての逆輸入は白人から、というのもいいですよね。一般的に日本人は白人に弱いから、そのほうが心に響きやすい。欧米から教えを乞う、そうすれば浸透も早いのではないでしょうか。日本人は不思議な民族ですね。日本人だって本当は負けてないんだけどな。原さんだったらそれを上手く伝えられると思いますよ。

原　学ぶには「真似る」から始めるといいと言われますし、逆輸入はいいですよね。教育に関して言うと、2019年にカタールの「WISE」に参加した時、日本の企業や教育者は参加ゼロでした。日本の教育者は、もっと世界の教育者と議論しあえる力を身に付ける必要があるし、どんどん世界貢献してほしいと思ったのです。

池間　そうでしたか。

原　「WISE」では、企業のプレゼンテーションやミニセミナーが開催され、世界中の教育学部で教える教育学者や指導者が持論を持ち寄り、活発に論議します。世界各国の学生が招待されて論文を発表したり、教育に関する新しい情報やアイデアを共有し、さらに論議を重ねて練っていきます。いわば、世界各国の教育に関する最先端の情報やアイデアが集結する場所です。

そういう場所に日本人がいないから、世界に対して日本教育の良さや素晴らしさをアピールすることができません。また発表の場に行かないから、新しい情報も入ってこないし、自分達のアイデアや理論に反論されても全く対応ができない。反論される機会がないですからね。いつまで経っても、否定されることに弱いままで、対応できないままです。だから情報のブラッシュアップもできていません。

私はそこに挑戦したいと考えています。**「WISE」で自分の論文を定期的に発表して、グランプリを受賞したいです。受賞することで、日本教育の個性や素晴らしさをそこで広めることができますし、賞金をもらえたらさらに広めるための資金にできます。**

池間　それは素晴らしいですね。論文はどんな内容ですか？　教育のやり方？

原　各国の教育の仕方、教育課題や現状、歴史背景などの内容がありますね。参加している人は、基本的には大学教授や学生が多いですが、著者や企業の人もいらっしゃいますね。世界中の教育関係者が集まっています。

池間　世界の大きな集まりがあってもそこに日本人がいないというのは、どこでもそうみたいですね。大学・大学院生合わせて1万5000〜1万6000人が通う世界最高位で資金豊かなスタンフォード大学には、フーヴァー研究所という有名なシンクタンクがあり、国際関係や国際戦略の第一人者がたくさん在籍しています。

そんなに素晴らしい大学なのに、日本人留学生は非常に少ないと聞いています。過去にノーベル賞を受賞された日本人の方々は、日本で基礎的なものを学んだのちに渡米して研究をすることがほとんど。日本国内での学びだけでは、今後、日本人のノーベル賞受賞者は出ないだろうと言われています。今の日本人には学びに対するシビアさがありません。真摯《しんし》な気持ちでガツガツ学ぶ、そういう日本人が少なくなったのかもしれません。

原　私もハーバードやＭＩＴで何度かセミナーを行なったことがあります。ハーバード大学にもアジア人が８００人いて、95％ほどが中国人。あとの４％が韓国人やベトナム人で、日本人在学生は８人だけでした。１万５０００人のうち、たった８人です。

池間　日本人は、本当に弱くなってしまいましたね。どの世界も、若い人が行くと歓迎してくれるのに。どうしてこんなに弱くなってしまったのでしょうか。**戦前から戦後すぐの時代の日本人はガッツがあり、根性のある人ばかりでした。海外のどの大学でも、留学生のトップは日本人という時代もあった。**

これからは、中国に行って中国語を学べばいいですね。中国人の強さや根性は凄いものがありますから。できれば英語と中国語の両方できるようになれば、強い人材になれますよ。私が教えている学生には、反日感情などは気にするなと伝えています。

今後は絶対的に中国が有利ですから、グローバルに大きな視点で物事を見る力が必要です。そういう意味でも、原さんは良い役割を果たしていると思います。ぜひ「ＷＩＳＥ」で賞を取って、その姿を日本の人達に見せてほしいですね。

原　ありがとうございます。どうしたら受賞できるかを考えています。やり方はたくさんありますから、必ず実現させます。私の役割は、池間先生がおっしゃったように、まず目立つことだと思っています。私が先頭に立って行動を起こし、結果を出すことで、こんな人がいて、**「日本人でも、こんなことができるんだ」ということを多くの人に見てもらい、道を作っていきます。そうすることで、みんなを引っ張り、一緒に併走していくことを考えています。**

池間　コンテストも楽しみですが、実質的に結果を記載している論文も楽しみにしていますよ。きちんと実践して、「こうなったから、子ども達の何パーセントがこうなりました」という、データを用いて検証している論文がもっとあれば面白いですから。

原　企業関係で取得した大人の成功例のデータはあるので、それを論文にしているのですが、子どもをほめて育てて結果が出たというデータは、まだ私は持っていません。これから様々な日本の教育機関とコラボして協力していただき、作成するつもりです。実際に、様々な方が協力を申し出てくれているので、その方々の力を借りて、論文にしたいですね。日本古来の和の教育と、ほめ育を融合させてこうなったとしっかり示し、伝えていきたいです。

世界からは、日本の教育分野はとくに人気があって注目されています。現在、様々な国の教育者が教科の中に「ほめ育」を作ろうと言ってくれています。私立の教育機関も、プログラムに入れることを検討してくださっています。いろんな国の方からも協力をいただき、ほめ育を教育プログラムに取り入れ、生徒がどうなったのかを論文にすることをやっていきたいですね。実現の方法は無限にあると考えています。

ほめ育も国際協力も、自分や祖国を愛することから始まる

池間　戦前の教育方法も学んだほうがいいです。例えば、吉田松陰の松下村塾《しょうかそんじゅく》。なぜあんな小さな場所で、しかも少人数なのに、あそこまでの人物達を生み出せたのか。薩摩の

郷中《ごじゅう》教育や、会津藩の什《じゅう》の掟《おきて》なども、昔の大人達がしっかり考えたことを型にしてあります。

原　戦前の教育方法は示唆に富んでいます。

池間　他でいうと、パラオの日本委任統治時代に日本教育を受けた方々は、今でも当時の教育を絶賛してくれます。それまでパラオには「教育」という概念がありませんでした。教育という言葉さえありませんでした。でも日本教育で学んだパラオの子ども達の中には、算数の成績が日本全国で第6位という好成績を収めた子もいます。悪さをして先生にビンタされる子もしょっちゅういたそうですが、それでも先生を尊敬し、その名前を憶えている。先生とパラオの子ども達の間にゆるぎない信頼関係が築かれていたからです。これらを鑑《かんが》みると、昔の日本教育には特別の良さがあったのではないかと思います。私達は、戦前教育の素晴らしさにも着目して取り入れていくことも大事ではないでしょうか。

原　その通りです。

池間　ただ、パラオもどんどん変化しています。世代によって受けた教育がまるで違うため、変化のスピードも速いです。パラオの変容を見ていると、「国は教育によってずいぶんと変わる」ということを痛感させられます。パラオには日本の縮図を見るような気もしています。

先述のパラオの高齢者の方々は、「日本時代が一番良かった」と今でも言います。そう言わせる力が日本教育にはあったということです。原さんには、ぜひ戦前教育のことも学んでほしいですね。生徒が先生にどのような礼儀を尽くしていたのか、どんな授業態度だったのか。その様子を原さんが伝えていくのも一つの方法ですよね。教育も日本文化の一つですから。

日本人が弱くなったのは、戦後、経済だけに目を向け、神道や祖国を愛する大切さなどの教育を後回しにした結果かもしれません。日本人は、大きく物事を捉えて考えることができなくなってしまった。「国家とは何であるか」「国家の存続、成立とは何か」と聞いて、答えられる日本人がどれくらいいるでしょうか？

国が成長するには、哲学者が必要です。それから、商売をしてお金を稼ぐ人。そして国を守る軍人。この3種類の人物が必要と言われていますが、今の日本には稼ぐ人しかいないわけです。それは国家としてあり得ないこと、他国から見ても尊敬の対象にはならないのです。

原　哲人、商人、軍人が必要なんですね。

池間　**一番必要なのが哲人、哲学者。精神的なつながりを持った考え方、「日本人の考え方・在り方」を追求していく人です。**日本は元々神道が中心の国だった。神道は宗教というよりも日本独特の哲学ではないかと思っています。

原　近年、出雲大社をはじめ、神社に行く機会が増えました。

池間　原さんもぜひ、GHQが行なった「神道指令」を学んでみてください。私個人としては、元々存在していた精神的なものを日本人自ら断ち切った気がしています。本当に大切なことだと理解していたら、アメリカのしたことに抗《あらが》ったと思うんです。でもやらなかった。ということは日本人の問題です。取り戻そうとしなかったのは、おそらくお金だけ追うことのほうが楽だったんでしょう。その結果が今です。

自分中心の人間が増えたことも、その影響かもしれません。日本人の世界は狭くなってしまいました。日本はこのままではいけないし、何とかしないと、神事や地域の掃除など地域に奉仕する人も減っていくでしょう。そんなものは関係ないという人が増えます。些《さ》細《さい》なことだと思うかもしれませんが、大きなことですよ。このままいくと、困った社会になってしまいます。

原　私も心からそう思います。「日本人として今のままでいいのか」という問題意識を持つことの意味が大きくなっていると強く感じます。

池間先生、最後になりますが、私達世代に池間先生が期待すること、「ほめ育」に期待することを教えていただきたいです。私達の世代は人口も多いですから、この世代が頑張らないといけないことは何でしょうか。

池間　「ほめ育」のコンセプトは、「自分をしっかり見よう」ということだと私は解釈しています。自分がどういう人間で、どのような考え方を持ち、どんな長所と短所があるのか。それを客観的に見つめる自分がいたうえで叱咤《しった》激励する言葉が、自分に対するほめ言葉なのではないかと。「自分ほめ」も、自らを鼓舞《こぶ》して長所を探していこうとするところが素晴らしいと思っています。ぜひ、今の30代~40代に伝えてほしいですね。日本の中心をこれから担っていく世代の人々が**「自分を好きになり、自分が好きだから周りにもよくしよう」**と思うきっかけになったらいいなと願っています。

原　ありがとうございます。

池間　**私の国際協力の基本は祖国愛です。**自分の国を愛せない人が、他の国を愛することは無理です。「ほめ育」の基本的な考え方である、「自分を大切にしてほめ、他者もほめて認めて伸びていこう」という素晴らしい考え方をもっと広めてほしいですね。これは、年齢に関係なく相手に訴える言葉でもありますし、ずっと続けてほしいです。

「自分を愛する人は他人をも愛せる」というように、他の国の人を助けようとしても、祖国を愛せない人にできるわけがありません。日本人としての誇りがある人だからこそ、カンボジアやミャンマーなどの他国の人が持つ「誇り」を理解することができます。途上国の人に対して、上から目線で「教えてやる、助けてやる」と思うのではなく「私はあなた達から学び、勉強させてもらっている」と心の底から言える人が上手くいきます。そういう関係を構築できるかどうかが大切です。大は小を兼ねるのではなくて、「小こそ大を兼ねる」のです。基本こそが革新です。それが伸びたらいいなと考えています。

原　確かにそうです。

池間　日本人は「人が好い」ことを好みますが、それは日本の中だけにしたほうがいいでしょう。海外と日本の価値観の違いをわかりやすく表している言葉があります。日本では「恨みを水に流す」と言いますが、外国では恨みを持つと絶対に水に流しません。外国では恨みをダムに溜めて、溜まりきった時にダムが崩壊し、大災害が起きる。日本の常識が通じないことも多々あると知っておくべき。異国を理解するとともに、祖国愛が基本にあることも理解してください。**「自分の国を愛することができない人が他国を愛することは難しい」というのが私の思いです。**

原さんのおっしゃっていること、やろうとしていることは、海外でも伝わると思います。今日の対談で原さんから教わったこともたくさんあります。原さんのチャレンジを、楽しみにしています。

原　引き続き努力していきます。ありがとうございました。

第2部

望む未来のつくり方

「いつからだって、未来は切り開ける」

ほめ育グループ代表
原 邦雄

第1章　自分の未来は選べる

(1) 未来は選べる

◎ 未来を選べば、人生はもっと楽しい

――未来は選べる。

私はまずこの事実を、皆さんにお伝えします。履歴書や経歴書は、誰でも時間をかければ作れるでしょう。実は、未来の自分もつくることができると考えたら、とてもワクワクしませんか？　私は、10年前にはっきりとこの事実を知り、全ての夢やビジョンを叶えて

きました。

未来は選べるのです。

元々人間は、自分がイメージしたものになれたし、何でも手に入れてきました。そもそも今の環境、命の危険を感じずに生活でき、安心して病院に通える素晴らしい環境があるのは、過去の人がイメージした〝未来〟そのものなのです。

もう一度お伝えします。

あなたは、どんな未来でも選べるのです。例えば、

・ピアニストになり、世界中の人たちに感動を与える。
・レストランのシェフになり、世界中からお客様が来るようなお店にする
・オリンピックに出場して金メダルを獲得し、元気と勇気を与えるアスリートになる

自分で未来を選び、実現する。そんな毎日を送れたら、最高の人生になると思いませんか？　毎日が楽しくてたまらない人生になると思いませんか？　私たちには、どんな年齢からでも夢や未来を創造し、実現できる力があるのです。

ところが**日本の教育環境において、自分の未来について考える機会は少ない**のが現状です。将来自分は何を実現したいのか？　どんな人間になりたいのか？　そして、どんな社会貢献をしたいのか？　深く考える習慣がないまま育ちます。ですから「自分が選びたい未来」が何なのかがわかりません。そもそも「未来は選べる」と考える機会もないのです。

日本の教育現場を見ていて感じるのは、規律が重んじられすぎて、自主性が育ちにくいこと。もちろん規律を守ることは大切です。そうした教育のおかげで、あの「3・11」（東日本大震災）でも暴動や略奪が起こらなかったのでしょう。食料支給時も皆が一列に並んで受け取り、次の人の分も考えて遠慮がちにおにぎりを受け取る姿に、世界からは驚きと称賛の声が上がりました。

とはいえ日本の教育現場では、一日一日に取り組むことが決められており、決まったことを行なうのが普通であり、当たり前。例えば「今日の体育は裏山でかけっこがしたい！」というような、自分の希望を言葉で表現し、相手に伝える機会は、日本ではほとんどありません。

自主性を発揮しない生活を送っていると、ふと「私の人生は何だったの？」と思う瞬間があるかもしれません。残してきたものが何もないと感じ、虚無感に襲われるかもしれません。

虚無感を抱えたまま頑張り続けると、夢が叶うということを忘れます。そして、「未来は選べる」という発想をしなくなってしまうのです。

あなたはもう、未来は選べることを知りました。**最高の人生にするためにも、ぜひ「絶対に自分で未来を選ぶんだ！」という気持ちを持ってみてほしい**のです。

◎未来を選べる条件とは？

未来を選べるようになるには、大事な条件が2つあります。それは**「自らの意志」を持**

つこと、そして「**自信」を持つこと**です。

条件1　自らの意志を持つ

意志とは、成し遂げようとする強い思いのこと。アメリカ第16代大統領リンカーンは「意志あるところに道は開ける」という有名な言葉を残しました。まさに意志あるところに道は開けますし、逆に意志がなければ道は開けません。自らの意志を持たなくては、未来は選べないのです。

私自身も「意志あるところに道は開ける」を座右の銘にして生きてきましたし、そのおかげで夢を現実に変えてきました。

意志があればアイデアが浮かび、行動が生まれます。その行動が結果を生み、周りからほめられることが多くなると、感情が安定し、行動も安定します。この「行動を生む」ということが、意志が持つ大きな力なのです。

例えば、あるとき私は、「マサチューセッツ工科大学（ＭＩＴ）で講演する」という意志を持ちました。アメリカ名門大学8校から成る「アイビーリーグ」、その最高峰・MITでの講演なんて、最も難しい講演ステージの一つです。

でも意志を持てば、やるべき行動が見えてきます。まずはMITに行き、食堂で2時間かけてビジョンを作り、計画を練りました。その食堂には、大きなロールペーパーがあり、それをちぎると模造紙くらいの大きさになります。そこに夢やビジョン、3年以内のタスクを全て書き切ったとき、目の前が勇気や希望で溢れたのを今でも覚えています。もし、途中でホームシックや書くのに飽きていたら、その程度の意志のレベルだと道は開けないなと思っていました。

そして今私は、「国際教育改革サミット（WISE）に登壇しグランプリを受賞する！」という意志を持っています。なぜなら、**ほめ育が世界から認められたら、日本の教育界でも価値や可能性に注目が集まり、導入のスピードが速くなる**からです。

意志を持った私は、早速行動です。開催国であるカタールに足を運び、仲間を作り、実際に会場に行き、講演を聴きました。現地に行くことで、情熱の温度を知り、自分の意志のレベルを確認したことで、やるべき行動がどんどん見えてきました。何をするべきかを考える前に、どうしたいのか？　何を実現したいのか？　そして、そこにどんな志があるのか、意志があれば、勝手に何をするべきかが浮かんで、どんどん行動できるのです。

子どもを育てていれば、「自分の意志を持ち、夢を叶えていく人間になってほしい」と考えるはず。であるならば、**まずはあなたが意志を持ち、夢を叶えていく姿を見せることが重要**です。まさに見本を見せるのです。

大人には、経験や人脈、お金など、子どもと比べて、はるかに多くの夢を叶えるための力があります。**まずは大人が行動し、夢を叶える姿を子どもに見せましょう。**その背中から子どもは意志を持つことの大切さを学び、夢を叶える大人に育っていくことでしょう。

あなたの夢は何ですか？

即答できますか？

条件2　自信を持つ

自信と言うと、しばしば「うぬぼれ」と混同されがちですが、自信とうぬぼれは別物。自信とは、本来「自分を信じる」力のことです。

未来とは「遠い将来」と感じていませんか？　未来をつくるのは「今」の自分の連続。今と未来はつながっています。決して遠くにあるものではありません。

違う言い方をすれば、「今を生きる」ことで未来がつくられます。今を懸命に生きることが未来への道を開き、結果的に未来を選ぶことを可能にするのです。

だから、自分の未来をつくるには、まず「自分を信じる」ことから始める必要があります。自分には夢を実現する力があると信じる力、つまり「自信」が必要なのです。

全ての人は「役割」を持ってこの世に生まれてきます。そして一人ひとりが、その役割を果たすためのかけがえのない「長所」を持っています。誰もが役割と長所をセットで持ち、生まれてくるのです。神様から授かった役割と長所を見つけて精一杯行動すること、それが人生の目的であり、未来を選ぶことにつながります。

◎言葉の力を活用する

未来を選ぶ上で、大きな味方になるのが「言葉」です。人間は、言葉を話す唯一の動物です。人間の歴史は、言葉を話すことから始まったといっても過言ではありません。私は、言葉には力があり、言葉として発したことは、全て実現する力があると信じています。どんな言葉を発するかによって、未来はつくられます。そして、言葉によって魂が磨かれ、幸せを実感できる人生になるのです。

未来をつくるためにも、希望や勇気を与えてくれる言葉、自分の行動を後押ししてくれる言葉をたくさん見つけてください。

私の大きな支えになっている言葉を紹介しましょう。

◆「君には無理だよ」という人の言うことを聞いてはいけない。

アメリカ合衆国の元プロバスケットボール選手アーヴィン・マジック・ジョンソン氏の

言葉です。

「君には無理だよ」という人の言うことを聞いてはいけない。
もし、自分で何かを成し遂げたかったら
出来ないことを他人のせいにしないで自分のせいにしなさい。
周りは君に成功してほしくないんだ。
なぜなら周りは途中で諦めてしまったから……。
だから君にもその夢を諦めてほしいんだ。
不幸な人は他人の不幸を願うものなんだ。

決して諦めてはだめだ。

自分の周りをエネルギーで溢れ、しっかりとした考えを持っている人で固めなさい。
自分の周りを野心で溢れ、プラス思考の人で固めなさい。
憧れる、魅力ある人がいたらアドバイスをもらいなさい。

君の人生を考える事ができるのは君だけなんだ。
君の夢が何であれ、その夢にただひたすら向かっていくんだ。

なぜなら、君は幸せになるために生まれてきたのだから。

この言葉を知ったのは、必死でほめ育を広めていたときのこと。手ごたえを感じていましたし、多くの方が応援してくれていました。ところが、当時とても尊敬していた方々から言われたのです。「無理だよ、そんな甘くないよ」「止めておきなさい」。ショックでした。誰よりも応援してくれていると信じていたのに、違ったのです。そんなときに知ったのが、マジック・ジョンソン氏のこの言葉でした。

「『君には無理だよ』という人の言うことを聞いてはいけない」「自分の周りを野心で溢れ、プラス思考の人で固めなさい」「君は幸せになるために生まれてきたのだから」。全ての言葉から衝撃を受けました。

そして、何度も何度もこの名言を読み返し、銅像があるロサンゼルスのステイプルズ・

センターにも行きました。繰り返し読んだことが私の血肉となり、私を支える力になったのです。

◆運命よ、そこをどけ。俺が通る

もう一つ紹介します。同じくアメリカ合衆国のバスケットボール選手だったマイケル・ジョーダン氏の言葉です。

運命よ、そこをどけ。俺が通る

マイケル・ジョーダン氏は「バスケの神様」とも呼ばれるほどの名プレイヤーです。負けず嫌いで、人の何倍もの努力をしたからこそ、神様と呼ばれるようになったのでしょう。でも何より、「自分の人生は自分で決める！」という強い意志があったからこそ、偉業を成し遂げることができたのです。

彼は試合終盤で相手チームに大きく点数を広げられ、誰もが負けると感じているときでも、決してあきらめませんでした。「試合に負ける」という運命を受け入れず、自らの意志で退け、勝利を手にしたのです。

私が彼を初めて生で見たのは、1997年のこと。ニューヨークへNBAの試合を見に行ったときでした。そこから大ファンになり、ビデオ（VHS）を買いあさり、多くのスーパープレイを見ました。彼のスーパープレイはまさに「運命よ、そこをどけ。俺が通る」でした。

二十代前半で、この二人の言葉と出合ったからこそ、ロサンゼルスで会社を設立し、世界中にほめ育を広める活動ができているのです。

夢を叶えようとしても、物事は楽に進むものではありません。むしろ、うまくいかないことのほうが多いでしょう。「これが運命」とあきらめるのは簡単なこと。でも「運命」という言葉で片付けてしまったら、そこで何事も終わってしまうのです。

彼らの名言と生きざまから、私は自分の人生を切り開く覚悟と力をもらいました。そして今、**運命は自分自身で変えていくことができる**と確信しています。

私の父も名言を残してくれました。

「夢をもつかぎり　努力するかぎり　夢は遠くない」

この言葉は、フィギュアスケート選手の髙橋大輔さんの母校（岡山県・連島《つらじま》中学校）の石碑に今も刻まれています（創立50周年の式典で、父が在校生の前で講演したときの言葉をこうやって記録してくださったこと、心から感謝と誇りに思っています）。

ぜひ、たくさんの名言と出合ってください。あなたの周りに良い言葉を知っている人がいれば、おすすめの本を紹介してもらうのも良い方法です。

私にとっては父がそういう存在で、さまざまな良書を紹介してもらいました。中でも月刊『致知』（致知出版社）の購読をプレゼントしてくれたことは、大きな収穫でした。月刊『致知』には、各界各分野で道を切り開いてこられた方々の

創立50周年。斎藤一郎先生と連島中学校にて

貴重な体験談が掲載されています。どれほど多くの名言と出合えたか、数えきれません。

(2) 未来を選び、未来を実現させる

◎未来の選び方

この本を手に取ったあなたは、未来は選べることを知りました。これをきっかけに、自分の意志で未来をつくり、夢を叶えていく人生にシフトチェンジしてみませんか？　まずは、「選びたい未来」をイメージすることから始めましょう。

・本当はどうなりたいのですか？
・本当に欲しいものは何ですか？
・本当は何がしたいのですか？
・あなたの本当に叶えたい夢は何ですか？

・あなたのミッションは何ですか？

一つひとつの質問に丁寧に取り組み、しっくりくる答えを見つけましょう。取ってつけたような未来では意味がありません。その未来を思い浮かべたとき、ワクワクしますか？一番喜ばせたい人は、本当に喜んでくれますか？　何よりあなた自身、実現したら思い切り笑顔になれますか？

人生は選択と決断で出来上がるのですが、良い選択をするためには、良い質問に出合う必要があるのです。

本当にあなたの中に眠っている気持ちと出合うと、未来を選ぶことができるようになります。

◎ドリームボードを作成し、実現したいことを書こう！

未来を選んだら、実現に向けて進むのみ。ぜひ活用してほしいツールが「ドリームボード」です。

ドリームボードとはその名の通り、自分の理想の未来を書き出した紙のこと。「こうなりたい」という憧れの写真を貼り、言葉を書き、目のつくところに置いておきます。すると、**なりたい自分がイメージできるので、どんな行動をすればいいかがわかります。何より楽しい未来を常に感じることで、気持ちが前向きになり、モチベーションも保てるのです。**

私はコンサルタントとして独立したときからずっと、ドリームボードを作り続けています。別名「コンサルタントの甲子園」とも呼ばれる「商業界ゼミナール」登壇を目指すときも大いに活躍しました。

商業界ゼミナールとは、約８００人の経営者が集まる合宿型のセミナーです。１９５１年から開催され、すでに70年の歴史を持つセミナーでもあります。このセミナーに登壇することは、私たちコンサルタントにとっては、高校球児が甲子園に出場するようなもの。だから「コンサルタントの甲子園」なのです。

ただし、相当高い山でもあります。「生涯かけても無理かも」と思ってしまうほどの難関です。

そこで私はパンフレットを切り抜き、仕事部屋に貼りました。「絶対登壇する！」と決め、毎日見ては、どうしたら登壇できるのか、何通りもの方法を考えました。そして、毎日行動しては失敗し、失敗しては考えて、また行動する。その繰り返しでした。

運も味方しました。その当時、コンサルティングの中でチラシもデザインして集客支援をしていた私は、商業界チラシ大賞の募集ページを見つけ、応募したのです。2〜3か月が経ち、突然、携帯電話が鳴り、「原さん、おめでとう！　チラシ大賞に選ばれたよ！」。その次の年も特別賞に選ばれた私は、すっかり商業界の中で名前が通るようになっていたのです。

そして、小さなセミナー開催や寄稿を重ね、事例が積み上がってきたときに担当者に私の意志を伝えます。先輩コンサルタントが登壇していたのを見て、背中を追いかけたのも良かったと思います。

いよいよ3年後、初登壇が決定。ゆとり世代やさとり世代、さらにはシニアにも通じるメソッドと期待されてのこと。しかも、それから6年連続登壇という輝かしい実績を残すことができました。当時、40代で6年連続登壇する人はいませんでした。快挙を支えたのは、間違いなく夢を見える化したことです。登壇したいセミナーのパンフレットを部屋に貼り、毎日どうやったら実現するか、アイデアを紙に書き出したのです。この日々の努力のおかげで高い山を越えることができ、思い描いた未来を実現することができたのです。

◎まずは「書く」「貼る」だけでもいい

自分のビジョンや、出たいステージの写真はネットで簡単にダウンロードできますから、見えるところに貼ったり、スマホの待ち受け画面にしたりすると効果も絶大です。ぜひ活用してほしいツールではありますが、中にはハードルが高いと感じる人もいるでしょう。その場合は、ただ「書く」だけでも構いません。

「書く」のは、Ａ４の紙１枚に書く、手帳に書く、ノートに書く、書初めをする、自分を最大限ほめる「ほめ手紙」を書くなど、いろいろな方法があります。

わが家では毎年、正月を迎えると家族で書き初めをするのが恒例になっています。これまで、たくさんの未来を書いてきました。例えば「出版30万部」「ほめ育を世界へ」といった具合です。実際に、出版した本は累計で10万部を超えていますし、ほめ育の講演も世界17か国に広がっています。書くことで実現が近づくのです。

書くことで実現が近づく

次に「貼る」に関してですが、見たい光景や辿り着きたい世界があるなら、関連するポスターやチラシを貼っておくだけでも効果が期待できます。

例えば、旅行をしたいのなら行きたい場所の写真、大きな家が欲しいなら理想の家の写真、体を鍛えたい場合はトライアスロンの写真といった具合です。

さらに応用編として、「手帳に挟む」「スマホの待ち受け画面にする」といった方法もあります。いつでも見られるので、未来を意識することが増え、より行動が加速します。

最初は「書く」から始め、さらに写真を貼っていく。もしくは「貼る」から始め、そこに少しずつ言葉を書き足していく。効果を実感できたら、少しずつドリームボードに近づけていけばいいのです。無理のない形で、自分のペースで、ぜひドリームボードに近づけていきましょう。

◎ミッションシートで「やるべきこと」を明確にする

自分の人生に誇りを持ち、ガッツポーズをできる未来を選んだら、行動するしかありません。とはいえ、結果が出るまでには、ある程度の時間がかかります。そこでポイントになるのが忍耐ですが、必ず道はあります。それを実現するのが、私も活用している「ミッションシート」です。

ミッションシート

氏名　　　　　　　　　　　　　　　　　　年　　月　　日

	年以内	ミッション・ビジョン	以内
仕事上	実現したいこと・しないといけないこと	何に○されているのか？何をどうしても実現したいのか？	実現したいこと・しないといけないこと
プライベート	実現したいこと・しないといけないこと	何に○されているのか？何をどうしても実現したいのか？	実現したいこと・しないといけないこと

	年以内	本業(職責)	以内
仕事上	実現したいこと・しないといけないこと	お金を頂いている仕事の内容	実現したいこと・しないといけないこと
プライベート	実現したいこと・しないといけないこと	仕事以外の生活の中心	実現したいこと・しないといけないこと

	以内	自分の成長や喜び	1週間～本日
仕事上	実現したいこと・しないといけないこと	どんな学習をしたいか？	実現したいこと・しないといけないこと
プライベート	実現したいこと・しないといけないこと	自分や家族へのご褒美やしたいこと	実現したいこと・しないといけないこと

QRコードより
ダウンロードいただけます

〈記入例〉

ミッションシート

氏名　　　　　　　　　　　年　　月　　日

	3 年以内	ミッション・ビジョン	6か月 以内
	実現したいこと・しないといけないこと	何に〇されているのか?何をどうしても実現したいのか?	実現したいこと・しないといけないこと
仕事上	3店舗の統括店長 過去最高業績達成 アメリカ視察 年収800万円	物心両面の幸せを創造 自社の発展 物販事業部の発展 結果を出して店舗存続	お店の原価を37%にする ベストのシフトを組む 過去最高日商を出す 夏のボーナスをもらう 社内、社長賞をもらう
	実現したいこと・しないといけないこと	何に〇されているのか?何をどうしても実現したいのか?	実現したいこと・しないといけないこと
プライベート	結婚、子供 家族旅行 両親連れて温泉 自転車レースに出場 マイホーム購入	健康(体重75キロキープ) 家族の幸せ 一生学び 自己成長	体重83キロ 自転車10キロ完走 好きなお酒を飲みまくる 好きな映画を見まくる

	2 年以内	本業(職責)	3か月～1か月 以内
	実現したいこと・しないといけないこと	お金を頂いている仕事の内容	実現したいこと・しないといけないこと
仕事上	2店舗の統括店長 過去最高業績達成 アジア視察 年収650万円	売り場作り 人材育成 販売促進 業績好調の〇〇	ベストのシフトを組む 人件費率を25%以内にする 販促のチラシの完成と配布
	実現したいこと・しないといけないこと	仕事以外の生活の中心	実現したいこと・しないといけないこと
プライベート	結婚相手と出会う 自転車80キロ完走 欲しい家具を買う プライベートジムに通う	自転車を楽しむ 家族との時間を大切にする 友人と食事する 好きな漫画や映画を見る 親孝行	炭水化物を夕食に食べない 自転車の練習 スキーかスノボに行く 好きなワインで乾杯する

	1年～半年 以内	自分の成長や喜び	1週間～本日
	実現したいこと・しないといけないこと	どんな学習をしたいか?	実現したいこと・しないといけないこと
仕事上	次期店長を育てる 過去最高業績達成 東京視察 年収550万円	会社設立の〇〇を知る マネージメントのセミナー受講 異業種交流会で〇〇をもらう	ベスト作り 新メニュー表のチェック 店舗SVとの〇〇 発注と、その〇〇 店内ミーティングの〇〇・メール送信
	実現したいこと・しないといけないこと	自分や家族へのご褒美やしたいこと	実現したいこと・しないといけないこと
プライベート	体重80キロ 自転車30キロ完走 高級焼肉を食べに行く 友人と1泊で温泉旅行	英語トレーニング 好きなバーボンを飲む 家族で日帰り旅行 好きな漫画を大人買い	娘の宿題を手伝う 〇〇への振り込み 母の介護の付き添い 大型ごみの持ち込み 海までランニング

ミッションシート記入の手引き

記入上の注意・観点

	記入項目	仕事上	プライベート
1	ミッション・ビジョン	会社の長期方針や経営理念、店の方針などを記載します。	個人として長期的に達成したい内容を書きます。
2	3年以内	職位の向上、売上目標、環境の改善、年収などの目標を記載します。	家庭サービスや住居の夢、趣味の向上などについて書きます。
3	2年以内	上記3年以内の目標の手前の状況や、その他達成したい内容を記入します。	家庭サービス、住居の夢、趣味の向上などについて2年以内に達成したいことを書きます。
4	1年～半年以内	上記2年以内の目標の手前の状況や、その1年～半年で達成できそうな項目を考えて記入します。	家庭サービス、住居の夢、趣味の向上などについて1年～半年以内に達成したいことを書きます。
5	6か月以内	現状と年間目標を照らし合わせて、中間地点の目標を明確化します。	1年先の目標の中間地点として、達成しておかなければならない内容を書きます。
6	3か月～1か月以内	現状から見て、3か月～1か月以内に達成できそうな目標を立てます。	少し先の3か月～1か月で達成できそうな目標を設定します。
7	1週間～本日	今日および1週間以内にすべき仕事を考えて記入します。	今日または近日中に家庭において、したいこと、すべきことを書きます。
8	本業（職責）	本来すべき仕事内容を記載します。	仕事以外の生活の中心と考えていることを書きます。
9	自分の成長や喜び	ミッション・目標を達成するために、学習したいと思っている内容を書きます。	家庭への褒美やしたいことを書きます。

ミッションシートとは、自分が本当に実現したいことを「3年・2年・1年・6か月・3か月・1か月以内」と分けて、それぞれのミッションを書くシートです（記載のQRコードよりダウンロードいただけます）。

大きな特徴は、「仕事」と「プライベート」の両方を記入できること。なぜなら、仕事がうまくいっているときは、家庭や健康などプライベートが崩れることが多いため。**仕事とプライベート両方をバランスよく意識して、目標を作ることが大切**なのです。

ミッションシートを書くのは、夜寝る前がおすすめです。なぜなら、寝ている間に書いた内容を「熟成」させられるからです。

人の脳は、睡眠中に情報を整理すると言われています。個人差はありますが、平均的な睡眠時間は7時間程度。つまり1日のうち4分の1から3分の1の時間は、睡眠に使っているのですから、活用しない手はありません。

ミッションシートに内容を書いたら、極端な話、忘れてしまっても構いません。書いた内容を一字一句覚えていなくても、眠ることで情報が整理され、潜在意識の中で熟成され続けるのです。

◎ミッションシートは仕事の効率化にもつながる

ミッションシートの基になったのは、私がサラリーマン時代に始めたある習慣です。配達の仕事に就いていたときのこと、私は誰よりも「早く退社」していました。

周りはとても不思議だったようで、ある日「なぜ原さんはそんなに早く配達を終えられるのですか？」と聞かれました。そこで私は答えました。「毎日、次の日のルートをメモに書き出してから退社しています。前日にシミュレートが終わり、やるべきことが頭に入っているから、すぐ動けるのです」。

最初は翌日の行動を書いていただけでしたが、徐々に1か月後や3か月後、半年後まで書くようになりました。さらに行動が加速したのは言うまでもありません。それが習慣化し、誰でも使えるフォーマットとしてまとめたのが、このミッションシートです。

ちなみに3年後のことも書くようになったのは、「桃栗三年柿八年」という諺《ことわざ》の影響です。昔は桃が食べたいと思っても、種をまいてから3年待つ必要がありました。種をまいた畑に毎日水をやり、台風が来たら畑を守る。じっくり桃の様子を確認し、3年間しっかり世話をしてようやく実が成り、その果実を堪能できます。

そのプロセスは人間の成就達成のプロセスと似通っています。何かを成し遂げるためには、相応の年月が必要です。**願いを実現させるためには、将来自分がどうなりたいのか、どのステージに立ちたいのか、どういう風に実現させたいのかを時間をかけて考えなければなりません。**

だからこそ、3年後のことは今からしっかりと考えておかなくてはならないのです。ぜひミッションシートを活用して、毎日の行動を加速させてください。

◎未来実現のためには「そろばん勘定」も大切

夢を実現するために、避けて通れない問題があります。それは、お金のこと。あなたがいくら素晴らしい夢やロマンを抱いて計画を練ったとしても、資金がなければ実現は難しいでしょう。抱いたロマンを実現させるためには、そろばんを弾《はじ》かねばなりません。これは避けて通れないことです。

自分自身の体験で言えば、私はほめ育を世界に広げていきたいと考えていました。そこで先行投資として、海外でセミナーを開催し、要人と思える人とアポイントを取りました。そのためには、渡航費やホテル代はもちろんのこと、現地でガイドしてくれる人に払うガイド費も必要です。もちろん現地での滞在費も必要でした。一度の渡航で消えていく金額は大きく、日本で営業するときとは桁違いでした。**夢を実現するには、必ず資金が必要なのです。**

実現のための経費をどうやって生み出すのか？　そもそも、どれだけの資金が必要なのか？　リアルに考える必要があります。さらに、実現した後、どうやってその状態を維持するのか？　どうやって利益を出し続けていくのか？　あわせて考える必要があります。

稼ぐ力がないと夢は実現できないし、実現したとしてもそれを維持することは難しくなります。これは動かしようのない事実。ロマンとそろばんは、いわば実現を支え、着実なものとするための車の両輪なのです。

日本においては、お金の話を嫌がり、避ける傾向があります。「人前でお金のことを話すのは、はしたないこと」といった感覚が根付いているのです。

その分、日本人が持つお金の知識は薄い傾向があり、お金に対する考え方や覚悟もどうしても甘くなります。自分の親はどれくらいの年収があり、自分の学費はどうやって出ているのか？　そんなことは知らない子どもがほとんど。日本ではどうやってお金を稼ぐかを、学校でも教えませんから、先進国にしてはお粗末なレベルとしか言いようがありません。

海外、特にアメリカはもっとお金にシビアで、現実的。それでいて未来志向です。なぜなら、お金がないと夢の実現は難しく、実現できたとしてもそれを維持できませんし、発展させていくこともできないからです。

夢は、現実を直視できてこそ実現でき、維持できるもの。どうか現実から目を逸らさないでください。

お金の問題としっかり向き合っていると、現実的に物事を捉え、打開策を考える術《すべ》が身に付きます。夢を実現したいなら、スタートからお金としっかりと向き合い、考えましょう。その際も、ぜひミッションシートを使ってください。自分の希望年収を書く欄もありますから、フル活用してください。

(3) 感謝し、全てを味方につける

◎日本人は恵まれている

日本は恵まれた国です。75年間、戦争はありませんし、住む場所や食べるものにも困りません。医療も充実しています。

現在はコロナ禍で事情が変わっていますが、思い立ったときに好きな国へ行く自由を持つのも、日本という国に住んでいるからです。世界には「他の国を見てみたい」「いろいろな国のことを知りたい」と思っても、それが叶わない国だってあるのです。

こうした環境で生きている人々からすれば、日本は夢の国。安全に暮らせる環境があり、自らの意志で未来を選べるのですから。

本来は「夢の国の住人」であるはずの日本人。意志があれば、未来を選ぶことができます。それなのに、意志を持たない日本人がなんと多いことか。

夢を見ることをあきらめる、イキイキと生きることを放棄してしまう。もったいないことです。

しかも日本の自殺者の多さは世界上位。特に先進7か国で30代までの死因第1位が自殺という事実は、大人になるのが夢という人々から見れば、不思議以外の何物でもないでしょう。平和で自由なはずなのに、自由に生きようとしないのですから。

学びもそうです。勉強をしたい、でも環境が許さない。だから学ぶことを辛抱している子どもたちが世界にはたくさんいます。鉛筆がない、ノートもない、先生がいない、教科書がない、そもそも学校自体がない、たとえ学校があっても行くお金がない、生きるために働かねばならない……理由はさまざまですが、環境が悪すぎて学ぶことを断念せざるを得ないのです。

これに対して日本はどうでしょう。どんなに恵まれていることか。給食は出てくるし、一人ずつ教科書も与えられます。衣服は毎日違うものを着られるし、学校だけでなく、習い事もやらせてくれる家庭も多いのですから、大違いです。

環境が整っていること、平和であることが当たり前になると、人は意欲を失ってしまうのでしょうか。誰もが胸に手を当てて、考えるべき問題です。

◎歴史を学び、感謝を抱く

環境や平和に感謝し続けるためにも、ぜひ知っておきたいのが自国の歴史です。

２０２０年8月15日、終戦の日。私は千葉修司さんのセミナーにゲスト出演したとき、「日本の偉人や祖先が国のため未来のために何をしてきてくれたのか？」――９００人ほどの聴衆に向けて、Ｚｏｏｍを通じて話をしました。

日本人は、自国の歴史を深く知りません。私のセミナーに参加した方からも「そんな人がいたなんて知りませんでした」という声がたくさん上がりました。学校教育で触れない部分も多いので、仕方のないことかもしれません。

でも、ぜひ知っておいてほしいのです。

自分の命を投げ打ち、日本という国を守り抜いた先人たちがいたことを。その先人たちのおかげで、今の平和な日本があることを。

私たちは感謝しなくてはなりません。先人たちは命をかけ、後世の私たちのために平和な環境をつくってくれました。もし天国から「今の日本は良い国ですか？」と聞かれたら、「あなたたちのおかげで、良い国になりました」と答えるべきなのです。

Column 1

襷《たすき》をつなぐ生き方

～家系図を作ろう～

あなたは、ご両親から祖父母、曽祖父母までさかのぼり、8名全員の名前をフルネームで言えますか?「先祖に感謝しているし、お墓参りにも行っている」という人はいるかもしれません。でも、8名全員の名前をフルネームで、しかも漢字で正確に書ける人はほぼいないでしょう。

私たちは誰しも、先祖がいてくれたから存在しています。先祖から襷をもらい、その襷を次につないでいく。その襷をまた次の世代に渡して……そうやって人は命をつなぎ、考え方をつなぎ、生きていくのです。

先祖はあなたにとって味方です。でも名前すら知らないようでは、味方になって応援してもらうことはできないのではないでしょうか。

ぜひ家計図を作成してください。専門家に依頼することもできますし、役所に行けば、親身になってアドバイスしてくださる職員さんと出会えるかもしれません。

つながりを可視化して振り返ることによって、自分のルーツを再確認することができます。すると先祖からどんな襷を受け取ったのかを感じ取り、感謝の念がわいてきます。

困ったときも背中を押してもらったり、常にそばにいてくれるような気になったりして、あなたの味方になってくれるはずです。

そしてもう一つ、作ってほしいものがあります。それは、今のあなたの考え方を作り上げてきた流れがわかる人物相関図です。

今のあなたが持っている考え方は、あなた一人が構築してきたものではありません。さまざまな人の影響を受けてできあがっています。

あなたの考えに至ったルーツや、影響を受けた人の座右の銘や書などを辿っていくと、思考の歴史という根が張り、人生の岐路に立ったときに良き相談相手になり、自信を持って選択と決断ができるようになるのです。

でも残念ながら、現状は大きくかけ離れているように思います。聞こえてくるのは、コロナ禍対応に関する政府への不平不満や、学校や先生に責任をなすりつける親の声……。

命の危険がなく、食事や寝床に困らない生活が普通にできる日本。世界から見ると、いかに平和で住みやすい国か。「日本はディズニーランドだからね」と、よく外国人に言われます。その基礎を築いてくれた先人への感謝を忘れず、未来を選び、進んでいきたいものです。

◎「できない理由」探しをしない

人間は弱い生き物です。つい「できない理由」を探してしまいます。

というのも、人間の脳には変化を恐れるという特徴があるため。新しい物事を始めたり、新しい環境に飛び込んだりすることに対し不安を感じ、本能的にできない理由を探そうとするのです。

でも、できない理由を探しても、うまくいかなかった事実や、自分の行動を正当化するだけ。事態は何も好転しません。夢を叶えようと思うなら、できない理由探しをするメリットは一つもないのです。

そもそも**人生においては、「どうやったら夢は実現するか?」を考えるべき**です。「実現しない方法を考えるヒマはない」ということを前提にしたほうが、楽しくありませんか?

できない理由を探すということは、自分をマイナスの焦点で見るということ。焦点がマイナスであれば、マイナスなものが見えてきます。逆に、できる方法を探すということは、自分をプラスの焦点で見るということ。焦点がプラスであれば、不思議とプラスのものが見えてくるものです。

仮に、できない理由を1日10分考えたとしましょう。1か月で300分、なんと5時間も消費することになります。その1日10分を「できる方法探し」の時間に充てたら、どれだけ多くのアイデアを生み出し、どれだけ行動できるでしょうか。

「やりたい」を「できる」に変えるためにも、その10分を有効に使いましょう。時間を有効に使い、「やりたい➡できる」にする仕組みを作ってしまうのです。時間を有効に使って、最速で夢実現を叶えましょう。

◎劣等感をエネルギーにせよ

劣等感はマイナスだと思っていませんか？　**実は劣等感こそ、最大の応援者になり得る存在**なのです。劣等感を持っているのなら、それも自分です。劣等感に感謝できるかどうか、劣等感も味方につけると、エネルギーがわいてきます。そのエネルギーでどんどん進んでいきましょう。

そして、**どんな未来にするのかをいったん決めたら、何が何でもやり通してください。**いわゆるド根性というやつです。後戻りはしません。負けず嫌いの気持ちを持って行動し続けるのです。負けず嫌いとは、相手に対してではなく、自己ベストを常に更新してやるんだ！　という強い気持ちのことです。絶対必要なのです。

前に進み続けるためにも、周りに宣言することをおすすめします。例えば、私はこれまで「累計100万部の著者になる」「TEDxに出場する」「トライアスロンのロングコースを完走する」と、未来を宣言し続けてきました。

時には「大きなことばかり言って」「そんなの無理」と、否定的なことを言われるかもしれません。それでいいのです。

どんなに大きな未来も、まずは「一歩を踏み出す」ことから実現に向かいます。逆に、一歩を踏み出さなくては、たとえ簡単に思える未来でも叶わないのです。だから、堂々と宣言しましょう。

とはいえ、最初の一歩は何をすればいいのか、頭を悩ませる人も多いでしょう。難しく考える必要はありません。

例えば、「出版してベストセラー作家になりたい」と考えているとしましょう。いきなり出版はできませんから、まずは「ブログを書く」「メルマガを書く」といったことから始めればよいのです。小冊子を作ったり、共同で本を作ったり、雑誌やＷＥＢマガジンへの寄稿をしたい意志を表現するのもよいでしょう。

さらに出版社が集まる場に出向き、名刺交換をして企画書を何社にも送るのもよいですし、お金をためて出版プロデューサーにお願いするのも一つの方法です。

始めるということを突破したら、あとは波に乗るだけ。行動を積み重ねていけば、いつの間にか、未来が近くに見えてきます。

せっかく日本という恵まれた国に生まれたのです。快適な環境で毎日過ごし、思う存分学ぶことができ、何より生き方を自分で選べるのです。未来を選びましょう。あなたは未来を選べるのです。

未来を選べるという幸福は、誰にでも訪れるわけではありません。環境をつくってくれた祖先がいるからこそ、私たちは未来を選ぶことができます。その想いに応えるためにも、未来を選び、宣言し、そして劣等感をエネルギーに変えることを忘れず、毎日を過ごしてほしいと願っています。

第2章 一生枯れない原動力を手に入れよう

(1) 行動継続を可能にする原動力

◎行動を継続する人と、しない人の違い

夢を実現するには「行動」が欠かせません。例えば、海外に行きたいから英語を勉強する、起業してお金持ちになりたいからビジネス書をたくさん読む、ベストセラー作家になりたいから経験を積んで文章表現力を身に付けるなど、誰しも行動を積み重ねて、夢へと近づきます。逆に言えば、**行動なくして夢の実現はない**のです。

ところが行動が継続する人もいれば、続かない人もいます。その違いは何でしょうか？
最も大きな要因は**「原動力」があるかないか**だと、私は考えています。

原動力とは「活動を起こす元になる力」のこと。似た言葉に「やる気」がありますが、意味が違います。やる気はいわば、自分を鼓舞し「やろう、やろう」と奮い立たせるもの。物事を始めるための瞬発力と言ってもいいかもしれません。

もちろんやる気は必要ですし、だからこそ「やる気アップ」をテーマにしたセミナーや研修会が数多く開催され、人気を博しているのでしょう。でも、やる気があるからといって、必ずしも行動が継続できるわけではありません。

考えてみてください。今あなたに、行きたい場所があるとします。車も準備しました。道順も調べ、「絶対に行くぞ！」とやる気十分です。でもガソリンが入っていなかったら？　どんなにやる気があっても、車は動きません。

このガソリンこそが「原動力」です。どんなにやる気があっても、ガソリンという原動力がなければ、車は動かないのです。

「やる気があるのに行動が続かない」というのは、ガソリンが入っていないのに車を動かそうとしていることと同じ。ガソリンのないまま、「やる気」という感情だけで物事を動かそうとしても、うまくいきません。

備えるべきはやる気ではなく、原動力です。行動継続のできる人には、必ず原動力が備わっています。時にはやる気が出なくても、モチベーションが下がることがあっても、体調がすぐれなくても、行動を止めません。安定した行動継続をしたければ、原動力は絶対に持っておかないといけないものなのです。

◎原動力の形はさまざま

では、「あなたの原動力は何ですか?」と聞かれたら、あなたは何と答えるでしょうか。おそらく多くの方が返答に困ることでしょう。現代日本では、自分の原動力が何かを把握していない人がほとんど。というのも、そもそも考える機会がないからです。

夢や目標をたずねられることは多いでしょう。受験や就職活動、人事考課面談などの節目に、「あなたの夢は何ですか？」「あなたの目標は何ですか？」と、何度も質問されたはずです。

でもきっと、「あなたの原動力は何ですか？」という質問をされた経験を持つ方はゼロに近いはず。少なくとも私自身は、40歳を過ぎるまで聞かれたことがありませんでした。

本来は、誰もが自分の原動力が何かを知るべきです。そして、いつ聞かれても答えられるようにしておかなくてはなりません。なぜなら、**素晴らしい成功を収めている人、成果を出し続けている人ほど、自分の原動力が何かを明確に知っているから**です。

一言で原動力と言っても、実はさまざまなものがあります。プロスポーツ選手を例に説明しましょう。

わかりやすいのが「ハングリー精神」です。貧しい家庭で生まれ育ったために苦労し、自分がプロ選手になって親に恩返しがしたい……そんな一心で努力し続け、厳しいプロの世界で華々しく成功する人がいます。その原動力となるのが「ハングリー精神」という原動力なのです。

逆に、代々一流アスリートの家系で、経済的にも練習環境にも恵まれた中で育つアスリートもいます。練習に没頭し、才能を開花させて先祖に続くことを第一に考えます。この場合は、「家系への誇り」が原動力となり、厳しい練習にも耐え抜くことができますし、プレッシャーにも打ち勝って、結果を残すのです。

◎こんな人にこそ原動力が必要

これまでの人生を振り返ってみてください。夢にかける思いは大きいのに、いざ行動に移すと続かなかった経験はありませんか？

よくある例をいくつか挙げてみましょう。

・夢が見つかると、毎回きっちりとプランを立て、準備万端で行動開始。ところが三日坊主とまでは言わないけれど、なぜか途中で投げ出してしまう。

・セミナーや講演会で刺激を受けて、新しいことへのチャレンジを決意。ところが壁にぶつかり、自分自身の力不足を実感すると、続ける気力がなくなってしまう。

・プロジェクト成功に向けて頑張る気持ちはあるが、人間関係が苦手。上司や同僚とうまくいかなくなると、尻込みしてしまう。

・成し遂げたいことはあるものの、変化に対して臆病。変化が起きそうになると、不本意ながらも安心安全と思える道ばかり選び、結局は思った通りのゴールに辿り着けない。

ここに挙げたのは全て、原動力を持たない人が陥りがちな失敗例です。**夢があるなら原動力を見つけ、行動を継続しましょう。**自分を突き動かすガソリンがあれば大丈夫。困難や苦手なことに直面しても、乗り越える力がわき、行動は止まらなくなります。

うまくいかなくなっても失敗してもいいんです。時には転んだっていいんです。原動力があれば、泣きながらでもまた走り出せます。

あなたをずっと支えてくれるコーチやメンターを探すのも一つの方法ではありますが、それを維持するにはお金と労力が必要になります。現実問題、その料金をずっと払っていくことができますか？　もし、払えなくなって契約が終わってしまったら、あなたの行動もそこで止まってしまうのではないでしょうか。

人は、基本的に一人で行動します。であるならば、ガソリンの給油所は自分で見つけておかないといけません。人の手を借りなくても、自分一人で給油できる給油所です。そうでなければ、夢も目標も達成することはできません。

私は人からよく「あなたの行動力はすごいね」と言われます。とてもうれしいことですが、手に入れた原動力が、私をここまで運んできてくれただけ。ガソリンとなる原動力をすでに手に入れていて、給油し続ける方法を知っているからこそ、行動を続けることができるのです。

自分を突き動かす原動力は何かを見つけ、明確にすることは人生を豊かにします。とはいえ、見つけ方が難しいと感じる人も多いでしょう。次からは、具体的にどのような見つけ方があるのかをお伝えします。

(2) 原動力の見つけ方

◎原動力を見つける主な方法

原動力を見つけるには、いくつか方法があります。主な方法を紹介しましょう。

1　尊敬できる人を見つける

尊敬できる人を探しましょう。**その人の話を聞くと胸が熱くなる、その人の情報を知ると体が勝手に動く……そう思わせてくれるような人と出会うこと**で、原動力が見つかることがあります。

私にとって池間先生がそうだったように、尊敬できると感じる人には原動力につながる「何か」が必ずあります。その人の言葉や生きざまから、自分にとっての原動力を感じてしっかり記憶するのです。池間先生の独特な「声」や「実績」は、私にとって憧れであり、原動力の源になっています。

そういう出会いを引き寄せるためにも、気になるセミナーや出会いには積極的・定期的に参加し、そして継続することが必要です。

尊敬できる人を探すには、**「尊敬できる人と出会いたい」という意識のアンテナを張ることも、とても大切**です。なぜなら意識することで、より多くの情報をキャッチしやすくなるからです。

少し試してみましょう。「赤色」を意識して周りを見回してみてください。不思議なくらい、途端に赤いものが目につくようになることを実感することでしょう。また欲しい車が明確になったとき、同じ車種の車が目につくようになるのはよくある話です。

尊敬する人を探すときも同じこと。意識をフォーカスさせると、周囲の情報に敏感になり、人との縁も見つかりやすくなります。ぜひ「尊敬する人と出会いたい」という意識を持ち、世の中の情報と接するようにしてください。

なお、尊敬できる人は、著名人である必要はありません。地位や肩書き、収入ではなく、その人自身のあり方や言動をよく見ることです。

生まれてから今まで、誰もが皆頑張って生きてきています。全ての人に価値があり、見習う部分はあるのです。いえ、見習う部分が必ずあると決めて相手を見ると教えてもらいたいことが見えてくるものです。

「我以外皆我師也（われいがいみなわがしなり）」という有名な言葉があります。これは**「心がけ一つで、誰からも何かしらを学べる」**という意味です。

有名かどうか、実績があるかどうかは二の次です。あなたの身近にも、素晴らしい精神性を持つ人、スキルを持つ人、得意なことを持つ人がたくさんいるはずです。あなたがその素晴らしさをキャッチし、教えを乞うことで、世界は確実に広がります。

2 良い本をたくさん読む

世の中には、たくさんの良書があります。良書を読めば、先人たちから多くの知恵や勇気、情熱を受け取ることができます。あなたにとっての原動力を見つけるヒントも、必ず見つかるはずです。

以下、ぜひ読んだほうがよい本を、ずばり紹介しましょう。

尊敬する経営コンサルタントの臥龍《がりゅう》先生に教えていただいたのですが、「国民教育の師父」と呼ばれた森信三《のぶぞう》氏の本、京セラ創業者・稲盛和夫先生も信奉する思想家・中村天風氏の本、かの吉田茂も師と仰いだ陽明学者・安岡正篤《まさひろ》氏の本はぜひ読んでください。

これらの本には、志の高さや次の世代に襷をつなごうとする強い気持ちが溢れています。どの本を読んでも私は、「タイムスリップして直接話せたら」と妄想せずにはいられません。

「原くん、よく頑張っているなあ」「俺たちと同じくらい、日本や世界の未来のことを考えていて、誇りに思うよ」とほめられたい、そんな気持ちも私の原動力になっています。

さらには、孔子の思想に触れられる『論語』、全世界３０００万部を超えるビジネス書のベストセラー『７つの習慣』（スティーブン・R・コヴィー　キングベアー出版）、もおすすめです。先人たちが見つけてきた真理に触れることで、あなたを突き動かす原動力が見つかるかもしれません。

❸ 原動力となる人を見つける

この人に喜んでもらいたい、何があってもこの人を支えたい……そう思える人はいませんか？　実は**「この人のために」と思える人の存在自体も、あなたにとって原動力となります。**

私の場合、アメリカ進出の原動力となったのが、ロサンゼルス在住のMさんです。彼に喜んでもらいたいと思ったことが原動力となり、その一心で頑張ったおかげで今があります。

というのもMさんは、当時を振り返るだけでも涙が出るくらい、私のアメリカ進出を支援してくれた人だからです。２か月に一度渡米すると、空港送迎やセミナー開催のサポート、労働ビザ取得など、全ての道を一緒に考え、開いてくれました。まさに恩人です。実は、「ほめ育」という言葉も、Mさんと一緒にロサンゼルスにいるときに浮かび、そこから一気に広まっていったのです。

そして、趣味のトライアスロンに力を注げるのは、応援してくれる妻や娘たちに喜んでもらいたいから。まぐれで完走できるスポーツではありませんから、厳しい練習が必要です。しかも私は水泳が苦手。50メートルすら泳げない状態から、2キロメートル近く泳げるようになるための練習を乗り越えられたのは、妻や娘たちの笑顔が見たかったからです。そして、あきらめない心を伝えたかったのです。ホノルルで私が完走したときの娘たちのはしゃぎようは、今でも忘れられません。

そして、**ほめ育を世界中に広げる活動に懸命になれるのは、亡き父に喜んでもらいたいから。**「いつも応援しているよ」というメールを読み返しては、私が将来天国で会ったときにほめてもらえるよう、どんなことがあってもめげずに、全力を尽くせるのです。

Column 2

やる気がわく場所に行く

人それぞれのパワースポットがあると思います。なぜかそこへ行くと使命感がわき出てきたり、夢を語りたくなったりする……そんな場所を見つけてみてはいかがでしょうか？

私の場合は、静岡の海がそれにあたります。私は昔、静岡県出身の祖父と一緒に住んでいた時期がありました。初孫だった私はとても可愛がられ、いろいろな場所に連れて行ってもらい、たくさん会話しました。とりわけ記憶に残っているのが海なのです。

私は今でも、近くで仕事があるときは、必ずその海に足を運びます。すると当時の記憶がよみがえってきて、祖父との会話や体験が思い出されます。そして私は、亡くなった祖父と〝心の会話〟をするのです。

「どう？　元気？　明日はここで仕事だよ」と心の中で話しかけると、とても好意的に「よく来たね、うれしいよ」「いつも見ているよ、よく頑張っているね」と祖父は言ってくれます。

そして私は、時には悩みを打ち明けます。「海外にほめ育を広げようとしているんだけど、なかなかうまくいかなくて。おじいちゃんは、チェコとかドイツとか現地の人と、どうやって一緒に仲良く研究していたの？」。すると、こんな声が聞こえてきます。「おじいちゃんはね、研究がとても楽しくて、そして結構遊んでいたよ。オーケストラの演奏もよく聴きに行ったし、チェコにいるときはよくドイツにビールを飲みに行った。邦雄も息抜きしながら、やるといい。遊ぶことはとても重要で感性を磨くことにつながるからね」。このように、悩みを打ち明けると、必ず味方になってくれるものなのです。

すると「やってやるぞ！」とエネルギーがわき出てきて、何倍もパワーアップした実感に包まれます。「一人で考え込まなくてもいい。私は一人じゃない、先祖がたくさん肩を組んで、いつも応援してくれている。人生は団体戦だ！」そんな感覚です。

やる気がわく場所は、案外近くにあるかもしれません。例えば、お気に入りのカフェの奥の席、裏山の木陰といった場所でもよいのです。ぜひ、そういう場所を見つけてください。

この先、どんな苦労や困難が待ち構えているかわかりません。人は大きな壁に直面すると、悩み、自分がわからなくなり、道を見失うこともあります。そんなときにあなたを支えるのが、「この人のために」と思う気持です。

人は誰かのために、とりわけ大切な人のためにと思うと、思わず笑顔になったり、驚くようなパワーが出たりするものです。ぜひ大切な誰かを原動力にして、夢へと突き進んでください。

(3) 池間先生との出会いと私の原動力

◎心に刺さった講演会

ここからは、私自身が原動力を見つけた体験について、そしてその原動力によって、未来に向けてどう行動するようになったのかについてお話ししましょう。

私にとっては池間先生と出会い、大事な言葉をプレゼントしてもらったことが、原動力を見つけるきっかけとなりました。

私が初めて池間先生を知ったのは、２００７年冬のこと。知人が居酒屋を開業し、コンセプトに「売り上げの一部を寄付する」ことを掲げました。

友人は、このコンセプトを考えたのは池間先生の影響であること、もうすぐ池間先生を講師に迎えた講演会を開催することを教えてくれました。それならばと参加したのが、池間先生との出会いです。

講演会のテーマは「**あなたの夢はなんですか？　私の夢は大人になるまで生きることです**」。カメラマンである池間先生の口から飛び出す話は、驚く内容ばかりでした。

特に衝撃的だったのが、池間先生が調査・撮影・支援のために訪れたフィリピンでのこと。ごみ捨て場で出会った少女に「あなたの夢はなんですか？」とたずねると「私の夢は大人になるまで生きること」と答えたそうです。有毒ガスが立ち込めるゴミ捨て場で、子どもたちは長時間にわたってゴミの中からリサイクルできる空き缶やビニール、プラスチック等を拾い、お金に換えてなんとか暮らしている。しかし、彼らにかまうことなくトラックやブルドーザーがゴミを次々と捨てにくるので、それに巻き込まれて命を落とす子どもたちも多く、ゴミ捨て場の暮らしにおいては、子どもが15歳まで生きるのは3人に一人と言われていたそうです。

こんな過酷な世界で、彼らは大人になることを夢見て、毎日を必死で生きている、とのことでした。

別の機会に訪れたモンゴルでは、マンホールの中で眠る子どもたちに出会ったそう。家がなく、寝床もない子どもたち。極寒のモンゴルでは、夜に屋外で寝ることは死につながります。だから、地上に比べればまだ暖かいマンホールの中で寝ることを選ぶのです。

池間先生は話されました。

「マンホールの中に入り、言葉を失った。真っ暗な穴倉は悪臭が充満し、鼻がひん曲がる。汚水が溜まり、ゴミが散乱していた。ネズミが走り回り、ゴキブリのような虫が「バーッ」と散っていった。ここで暮らす子どもたちの顔はもうボロボロ。顔じゅう虫に刺された痕があり、耳や唇が膨れ上がって形が変わるほどだ。なぜだかわかりますか？『ねず

み は軟らかい所からかじる。特に唇からやられるのです』」と。いかに過酷な現実かがわかります。私はただただ驚いて、池間先生の話に聞き入っていました。

◎池間先生の原動力とは？

池間先生は元々、他人を巻き込む気はなく、自分の責任、自分のお金で10年以上先生個人の活動に徹していた。その後、多くの方々に活動が知られるようになり、団体を設立し、組織としての活動に入っていった。支援に行く先もさまざま、アジアの貧困地域やスラム街、山岳地域……危険を伴う地域も多い。

なぜ、そこまでできるのか、不思議でした。でも、池間先生のこんな言葉を知って、その原動力を知ったのです。

「最も大切なボランティアは自分自身が一生懸命に生きること」

この言葉を聞いて、私は大きな衝撃を受けました。池間先生は「懸命に生きる人でないと、命の尊さは理解できない」と言うのです。
「あなたの目の前には、しなければならないことがあるはずです。勉強、仕事、家事などのことです。まずはそれに一生懸命に取り組むこと。それが、誰もができる大切なボランティアです」

――ボランティアとは、目の前のことを一生懸命すること。

衝撃的な言葉でした。この原動力が池間先生を突き動かし、時には命をかけるような行動へと駆り立てていたのです。寄付をすることばかりがボランティアではなく、今を一生懸命に生きることが何よりも大切と言い切る姿に心が震えました。

そして、池間先生を行動へと駆り立てる原動力には「祖国日本への愛」や「アジアの人々への感謝」もありました。

日本と東南アジアの国々との関わりは大変長く、戦時中ボロボロに傷つき、行き倒れになった日本兵を助けてくれたという話もあちこちで耳にしました。そのような話を聞くと感謝と感動の想いが溢れてきます。

私にとっては意外なことですが、池間先生はご自身の性格を「三日坊主ならぬ三分坊主」「だらしない人間」であり、しかも「プラス思考の人間ではない」とも分析しています。

でも、**そうした弱さを自覚し、全てを受け入れているからこそ、「自己ベストを尽くすしかない」と腹をくくり、逃げることなく行動し続けられる**と言います。

その行動の源になっているのが原動力であり、池間先生にとっては「元気の源」だと言います。

他人から「頑張れ」と言われたからやるのではなく、ましてや、誰かに認めてもらいたいからと、見返りを求めて行動するのでもない。**自分で決め、自分がやるべきことを、ただひたすらにやり続ける力。**この原動力を、池間先生からプレゼントしていただきました。

◎池間先生の原動力を受け取り、行動を始める

講演会を聴き、池間先生に対する尊敬の念と憧れの気持ちは一段と膨れ上がりました。そして「池間先生のように生きよう！」と、強く思ったのです。

とはいえ当時、私はサラリーマンでした。池間先生のように行動を起こしたくても、すぐに行動できる環境にはありません。でも「目の前のことを一生懸命する」という原動力をもらった私は、行動し始めました。

講演会後、池間先生の著書やＤＶＤを集め、池間先生に関する情報をひたすら収集しました。大事な友人にも池間先生の話をして、もっと知りたがる友人には著書やＤＶＤをプレゼントしました。池間先生の著書を、私が主宰する研修会の推薦本にしたこともあります。今もそうですが、私にとって池間先生は憧れの存在ですし、一ファンですから、池間先生と直接会って話すという大それたことは、考えてもいませんでした。

でもある日、いよいよ私は池間先生にメールを差し上げました。2019年7月のことです。

池間先生の講演会に参加して感動したこと、自分自身も何かできないかと考え、会社（株式会社スパイラルアップ）と財団（一般財団法人　ほめ育財団）を設立し、細々ではあるがチャリティーをしていること。

人をほめることで業績が上がり、その利益でカンボジアの孤児院に寄付をする活動を行なっていること。チャリティー開催や教育メソッドの普及などの活動が、『The Japan Times』に掲載されたこと……。

池間先生から受け取った原動力、その原動力から生まれた行動の数々。気づけば必死で綴《つづ》っていました。そしてメールの末尾に「一度、私と会っていただけませんか？」と思い切ってお願いの一言を書いたのです。

2020年3月に届いた、一通のメール。差出人の名前に私の心は躍りました。憧れの池間先生からのメールだったのです。

「返信が遅くなりすみません。よかったら一度会いましょう」という内容に、私の心はさらに躍りました。私はこう返信しました。「よければ、私と対談してくださいませんか？」と。

池間先生と私の対談を動画撮影し、私を応援してくださる方々に向け、FacebookやYouTubeで無料配信しようと考えたのです。

池間先生がご同意くださり、日程調整を始めました。私にとっては夢のような日々。ところが、新型コロナウイルス（COVID－19）感染拡大の影響が出始めました。

緊急事態宣言が発動され、他府県への移動自粛が決まったことから、計画はいったん見送り。別の機会にすることを考えていましたが、池間先生が「WEBを使って対談するというのはどうですか？」と提案してくださいました。

いろいろと検討したのですが、WEBだと内容がきちんと伝わらないかもしれないという懸念があり、やはり対談は見送りになったのです。このときの私の落胆が、おわかりいただけるでしょうか。池間先生の考えや活動をたくさんの人に聞いてもらいたい、その一心で勇気を奮って出したメールに対して池間先生が答えてくださったのに、どうしようもない環境によって流れてしまったことは、残念で仕方ありませんでした。

しかし、「捨てる神あれば拾う神あり」とでも言うのでしょうか。池間先生との動画撮影はなくなりましたが、この本の出版という、うれしいごほうびが待っていたのです。

池間先生から受け取った原動力が、私が行動を起こすこと、行動を継続し続けることのガソリンになり、「共著を出版する」という未来を実現させてくれました。

池間先生に私の活動内容を伝えたときに、「これまで、あなたのような教育者はいなかったのではないですか」と言ってもらえたことも、私の大きな心の支えになっています。

その幸せを知っているからこそ、ぜひ皆さんにも原動力を見つけ出し、行動してほしいのです。

◎もう一つの原動力

今の私には、もう一つ原動力があります。それは、**人類の教育方針に「ほめ育」を入れ**

ることです。

この地球上のどこかで、今も争いや戦争が起きています。一体どこから改善していけばよいのか、糸がこんがらがってしまって、わからなくなっています。

組織や会社を一つにまとめるには、目指すべき方向を示す経営理念やミッション、行動指針が必要です。地球も同じではないでしょうか。人類が一つになるには、共通言語を持つべきだと私は考えます。

――人は、ほめられるために生まれてきて、ほめ合うために存在する。

これは、ほめ育が大事にしている真理です。私はこのメッセージを、世界に向けて伝えたいのです。

池間先生の講演会で強い衝撃を受け、私もアジアの国々に行きました。そこで一生懸命に生きる子どもたちと話をしたときに、強く思ったのです。

「私も、この子たちをほめたい」

ほめられて喜ぶ子どもを、一人でも多く増やしていくこと。このことが、私が世界に行く大きな原動力になっています。

生きるとは、とにかく圧倒的に数をこなし、いろいろなことに挑戦し続けること。結果を出している人はみんな、圧倒的な数をこなしています。もちろん池間先生もチャレンジし続けてきましたし、行動し続け、すごい数の鍛錬を自分に課してきた人です。まさしく「生き切っている、武士のような人」なのです。

池間先生は人生の大先輩であり、憧れの人でもあります。私自身も周りにそんな影響を与えられる人間になりたいと思う気持ちも、原動力の一つかもしれません。

いずれにしても、やる気があるから行動する程度では、事は成し遂げられません。未来を選び、成し遂げるためには、どんなときも行動を継続するしかありません。あなたが枯れない原動力を見つけ出し、どんどん行動できるようになることを、心から願っています。

第3章

行動を加速させる〝ほめる力〟

(1)「自分ほめ」のススメ

◎自分ほめとは？

原動力を見つけたあなたは、きっと夢に向かってどんどん行動できることでしょう。その行動を加速させるため、ぜひ活用してほしいのが「自分ほめ」です。

「自分ほめ」とはその名の通り、自分で自分をほめること。用意するのは、A4の紙1枚と鉛筆だけ。今日一日、自分の行動を振り返り、自分へのほめ言葉を書き出していくのです。

自分をほめることは、自分を認めること。そして、行動した自分の頑張りを、目一杯ねぎらうことでもあります。すると自然と「明日も頑張ろう」という気力がわき、行動へとつながるのです。

きっと、自分が思っている以上に、あなたはたくさん行動し、頑張っているはずです。でも周りが、必ずしもあなたの頑張りに気付いているとは限りません。誰しもそれぞれにやるべきことがあり、常に周りに気を配れるわけではないからです。

ですが、世の中に一人だけ、常にあなたのそばにいて、あなたと行動を共にしている存在があります。それが、あなた自身です。

だから、**あなたが「ほめる人」になればいいのです。**一日の行動を振り返り、たっぷりとほめてあげましょう。恥ずかしがらず、思い切りほめるのです。

第2章で、原動力はガソリンのようなものだと説明しました。「自分ほめ」はいわば、潤滑油のようなもの。翌日もエンジンがフルパワーで稼働できるように、毎日の自分ほめを習慣にしてみてください。

◎10年前から続けてきた「自分ほめ」

私は10年前から、眠る前の「自分ほめ」を毎日の習慣にしています。サラリーマン時代に私が書いていたノートを読み返すと、自分をほめる言葉がたくさん書かれています。例えば「本当にすごい！　応援しているよ！」「あきらめない気持ちが、すごい結果につながったな！」といった言葉が並んでいます。

この言葉を見ると、全てうまくいっているかのように見えるかもしれません。でも決して、順風満帆な日々ではありませんでした。**仕事がうまくいった日はもちろんのこと、うまくいかなかった日も、必ず自分をほめる言葉を書き続けていたのです。**

当時私は、コンサルティング会社で働いていました。なかなか思うような結果が出ず、しかも仕事は山積みで、夜遅くまでフルパワーで頑張っても終わりません。週3日は事務所に泊まり込み、帰宅するときは決まって終電。自宅の最寄り駅に着くと、公園へ。電灯がない真っ暗な中でパソコンを立ち上げ、仕事の続きをしていました。

連日のハードワークに、体は疲れ切ってヘトヘト。孤独で出口が見えない辛さがありました。

幼少期からほめて育てられた私には、**「今日はダメでも、きっと明日はうまくいく」という高い自己肯定感が染みついていました。**そして、**「美点凝視」で自分や環境を見る姿勢も身に付いていたので、どんな環境や状況でも、自身を肯定できた**のです。

その後、上司やクライアント経営者と話をし、どうしても日本一のコンサルタントになりたい私は、決断をします。

コンサルタントが苦手な〝現場〟を経験する道に入ったのです。

しかも住み込みで4年間。皿洗いからのスタートでした。今でもこの経験はとても価値あるものだと思っています。

慣れない環境、叱られてばかりの毎日。でもこの時期に書いたノートにも、やはり自分

Column ③

自分宛ての手紙を書こう

自分ほめの一つの方法として、「自分宛ての手紙を書く」こともおすすめです。手紙にたくさんのほめ言葉を書き、自己肯定するのです。

自分宛ての手紙は、自分しか見ません。何を書いても自由です。調子が悪いこと、落ち込んでいること、何を書いてもいいのです。しかも書くことで自分の気持ちや考えも整理されますので、一石二鳥です。

参考になればという思いで、実際に私が自分宛てに書いた手紙を載せます。あなたも、ぜひ書いてみてください。

【自分宛ての手紙】

2020 年 12 月 30 日の原邦雄へ原邦雄から

コロナ禍にも拘わらず、過去最高の行動力で駆け抜けた１年だったな。さすが、世界の教育界に一石を投じ続けている男だよ。希望という太陽を取られた人類、自ら発光体になり 周りを輝かせ続けた姿は、心から尊敬しているよ。TEDx への出場、国際教育革新サミットへの登壇と、いよいよ影響力がある立場になり、今世紀最大の貢献への道に入り、ますます活躍している姿は、先祖・先人もほめてくれているに違いない。

父の急逝を乗り越えて、母の介護、子育て真っ最中にも拘わらず、トライアスロン大会に出場し、執筆も累計 15 万部。ほめ育グループは、今年も過去最高の業績。さらに来年も、絶好調間違いなし。これほど、精一杯行動している男は見たことがない。

さあ思い切り叫べよ！　邦雄よ！「世界の英雄になると決めている!」と。そして、「ほめ合う文化」を人類に根付かせよう。

いつも応援しているよ。そして心から尊敬している。家族や支えてもらっている人に感謝し、生き切ろう！

をほめる言葉がたくさん並んでいます。

「餃子を焼かせてもらえるようになったな。いよいよ麺場だな！　よく努力した」
「もうすぐ店長だ！　60席のお店を任されるなんて、本当にすごいと思う」
「飲食の仕事をしたこともないのに、よく飛び込んだ」

そしてこの自分ほめの言葉が、行動を加速してくれました。うまくいっているときも、逆に何をしてもダメなときも、ぜひ自分ほめを続けてください。必ず行動を加速してくれます。

◎自分ほめが「肯定グセ」をつけてくれる

自分ほめにはたくさん利点がありますが、とても大事なことの一つに**「肯定グセがつく」**というものがあります。

行動し続けるには、どんな困難があろうとも、自分の想いを肯定し、自分がやっていることを肯定し続ける必要があります。なぜなら、自分の想いや取り組んでいることを否定してしまうと、そこで行動が止まってしまうから。とはいえ、肯定し続けるというのは実際には難しいことです。

せっかく生きているのだから、自分の生き方やあり方、あなたの全てを肯定してほしいと私は思っています。**自分を全肯定できるようになれば、圧倒的な自己肯定感が根付き、「常備」されます。**すると、いつでもあなたを支える力になってくれるのです。

私は年間２００件以上の研修やセミナーを行なっています。その中でたくさんの経営者や社員の方々とお会いしますが、自分を肯定できている人が少ないと感じます。

では、どんなときも自分を肯定できる「肯定グセ」をつけるには、一体どうすればいいのでしょうか。そこで役に立つのが「自分をほめる」という行為なのです。

自分をほめるということは、自分を肯定するということ。**毎日たっぷりとほめ、自分を肯定することを習慣づけることで、自然と肯定グセがつく**のです。

自分ほめを始める前は、「自分は至らないところだらけ。ほめるなんて、とんでもない」と思ってしまうかもしれません。でも完璧な人間なんて、この世には存在しません。**「できなかったこと」にばかり着目するのではなく、「できたこと」を見つけ出し、肯定しましょう。**特に、結果を出そうとしたプロセスをほめてほしいのです。

普段から失敗が多い人は、自分をほめることを躊躇するかもしれません。でも、失敗してもいいのです。

むしろ何事も、成功に至るまでに何度も失敗して当たり前なのです。失敗したというマイナスの結果ではなく、そのために**自分が頑張った過程を肯定**しましょう。

肯定グセができると、毎日の自分の頑張りが蓄積されていきます。すぐには合格点（結果）に届かなくても、自己肯定によりノウハウや知識が蓄積され、やがて合格点に届くのです。

人は1日1ミリ成長する生き物です。自分ほめを継続することで、肯定グセがつきます。そうすればしめたもの。自然と行動が加速し、真っ直ぐ目標に向かっていけますし、障壁があっても乗り越えていくことができます。

◎「やり切る」ためにも自分ほめは有効

行動が加速すると、驚くほどさまざまなタスクがこなせるようになります。きっと夢実現が近づいている手ごたえを感じることができるでしょう。ただし行動するときに、ぜひ意識してほしいことがあります。それは「とりあえずやる」と「やり切る」のは、違うということです。

「やる」には段階があります。「やり切る」とは、何らかの結果が出るまで「やる」を継続すること。**行動はスピードも必要ですが「質」も重要**なのです。

「やる」と「やり切る」の違いについて、具体的な例を挙げて説明しましょう。

営業事務の仕事をしているAさんとBさんがいます。16時ごろ、注文書がファックスで届きました。

Aさんは注文内容をエクセル表に打ち込み、担当営業に注文が入っていることをメールで知らせました。もちろんこれでも仕事をしています。注文内容がきちんと営業に伝わったからです。でも「やる」でしかありません。

一方のBさんはどうでしょうか。Bさんは注文内容を見て新規注文ということを悟り、営業にすぐ電話をかけました。先方へのお礼の電話はBさんからすればよいのか、それとも営業担当が直接かけたほうがよいのかを確認するためです。

Bさんからでいいという返事を得たBさん。その後、到着を確認し、入金されたことも確認、そしてお礼の連絡を入れました。これが「やり切る」です。

やり切るというのは、「100点の行動をする」ということ。「言われたことをする」だけなら40点です。「先を見据えて、イメージしながら行動する」と少し進歩ですが、それでも60点です。

さらに「相手のことを考え、報告も徹底する」ことも追加できれば80点、あと少しです。そして「次につながることをイメージしながら、もっと良いやり方を模索し、周りに

Column ④

一日一生、ガッツポーズを狙って一日を過ごそう

眠る前に、ガッツポーズをしていますか？　「よし！　今日はどう見ても、これ以上は頑張れなかった」「自分のベストを尽くした！」と言い切れる毎日を送っていますか？

つい「今日できなくても、明日もあるから大丈夫」「来週の〆切まで十分に時間があるから」と、自ら逃げ場を用意していませんか？

「一日一生」という言葉があります。これは「一日を一生のように生きよ。明日はまた新しい人生である」いう意味を表しています。

明日という日は、今日の続きではありません。今日は今日で終わり。明日からまた違う人生が始まります。一日一日が常に新しい人生なのです。そう思うと、一分一秒が大事に感じられませんか？

あなたの時間は有限です。必ずいつか終わります。そしてそれがいつ終わるかは誰にもわかりません。だからこそ、「今日やらねばならないこと」に全力を尽くし、今日一日をやり切って終えましょう。

違う言い方をすれば、もし失敗しても、それは今日で終わり。明日はまた違う一日の始まりです。

人生とは「今」「ここ」「自分」という点の集合体。それが一本の道になっています。一つひとつの点を懸命に生き、ガッツポーズをして一日を終えられる毎日を送りましょう。

も提案しながら行動する」が実現すれば100点です。

胸に手を当てて考えてみてください。あなたはきのう、100点の行動ができましたか？　70点もしくは50点くらいで妥協しませんでしたか？

ただし、いきなり100点を目指すのは難しいこと。最初は40点でも構いません。それから60点にして80点に、といった具合に、少しずつレベルアップできればいいのです。

そんな日々の頑張りを支えてくれるのが、自分ほめです。きのうできなかったことができるようになった、そんな自分の成長を、ぜひ自分でたっぷりとほめてあげましょう。必ずあなたを支える力になります。

◎今すぐ始める「1日1ほめ」

行動を加速するためには、自分ほめを続けることが大切です。習慣化するためのコツとして、私自身の研修でも取り入れているのが「1日1ほめ」です。

何事も習慣化するには、まずは「始める」ことが大切。そして「無理がない」ことも大事なポイント。その二つを満たすのが「1日1ほめ」なのです。

ポイントは、**夜眠る前に行なう**こと。そして、なるべく**静かな環境で、できれば目をつぶって一日を振り返る**こと。自分と対話するつもりで、その日の行動を順に振り返ります。

- 何時に起きて、何を食べましたか？
- 誰とどんな会話をしましたか？
- 今日ワクワクしたこと、ドキドキしたことは何ですか？
- どんな提案を誰にしましたか？
- 苦手な人とも挨拶できましたか？
- 周りにどんな気遣いができましたか？

書き出すうちに、少なくとも一つは、自分をほめる内容が見つかるはず。最初は一つほめるだけでも十分です。慣れてきたら2つ、そして3つと増やしていきましょう。

なお、心の中で振り返るだけでも自分をほめることになるのですが、できれば紙に書き出すことをおすすめします。

なぜなら、書くことで思考の整理ができるから。さらに、できるだけ多くの項目を一度に振り返ることができますし、目から情報を入れることにより、次へのアイデアにつながる可能性もあるためです。文章で書いてもいいし、箇条書きでも構いません。

眠る前の数分、**自分ほめに時間を使うことは、自分へのプレゼント**です。まずは「1日1ほめ」からスタートし、どのように気持ちが変化するか、ぜひ体験してみてください。

◎他人の評価ではなく「自分軸」で評価する

自分ほめするときは**「自分軸」でほめること**が大切です。自分軸とは、「自分がどうしたいか」「自分はどうありたいか」という考えや基準のこと。そういう気持ちを大切にして、ほめてほしいのです。

ところが実際には「他人軸」でほめてしまう人が多いと感じます。他人軸とは、言い換えれば「他人からの評価」のこと。例えば、「母だからこうしなくてはいけない」「新人だからこうあるべき」といった「他の人がどうしてほしいと思っているのか」を優先して自分ほめしてしまうのです。

もちろん周りの人を大切にする気持ちは大切です。ただし、他人からの評価を中心に生きると、忖度《そんたく》したり、媚《こ》びたり、他人の感情に左右されたりする場面が増えます。すると、自分の本当の価値に気付くことが難しくなってしまうのです。

大切なのは、あなたを見るあなた自身の視点です。**「自分はどうありたいか」を中心に据えて自分ほめすべき**なのです。

誰しも「自分の道」があります。どんな環境であれ、自分の道を探し、その道を走る旅が人生。自分の道を探し、精一杯行動し、自分の役割を全うすることが人生の目的です。その一瞬一瞬の行動を、自分軸でほめましょう。

(2)「ほめる」が未来を切り開く

◎「相手をほめる」ことは「自分をほめる」こと

ここまで、行動を加速する方法として「自分ほめ」についてお伝えしてきました。自分ほめだけではなく、実は「相手をほめる」ことも、あなたの行動を加速させ、未来を切り開いていきます。というのも、実は相手をほめることは、間接的に自分をほめることにもつながるからです。

脳科学において「脳は主語が理解できない」とされています。例えば「課長はひどい人だ」「あんな同僚は失敗すればいい」と、第三者を批判したり非難したりしているつもりでも、脳は人称の区別がつきません。自分に対してマイナスの発言をしているように認識してしまい、ストレスを感じてしまいます。

だから、この性質を逆手にとればよいのです。

相手をほめることで、そのプラスの言葉は、自分の脳にしっかりと響きます。自分も同時にほめられた感覚になり、「よし、もっと頑張ろう」と行動するためのモチベーションにつながるのです。

人は一人では生きていけません。まして仕事や生活において、お互いに持ちつ持たれつ、支え合っているものです。相手をほめることにより関係性が良くなれば、いろいろなことを依頼しやすくなります。人それぞれの得意分野を生かし、苦手なところを補完し合う関係になれたら、まさに「餅は餅屋」で、お互いの仕事がとてもスムーズにいくようになります。

つまり結果を出すためには、一人で行動するより、チームで行動したほうがはるかによいということ。行動が加速し、より遠くまで行くことができます。相手をほめることで、自分をほめることもできるのですから、一石二鳥です。どんどんほめましょう。

◎教えてもらうことも「ほめる」につながる

池間先生は「**教えてもらうことは、その人をほめることでもある**」と言います。相手に質問し、相談を持ちかけることも、実は間接的にほめることにつながるのです。

ほめられて悪い気がする人はいません。きっと心が熱くなり、勇気をもらい、そして、ほめられた相手に恩返ししたくなります。そのプレゼントを受け取ることで、あなたの行動は加速するのです。

「この人の教えを乞いたい」と思った相手に、どんどん質問しましょう。

例えば、サービス精神旺盛なホテルマンに対して、「あなたは本当に気持ちのよいサービスをしてくれますね。どんなことを心がけているのですか？」。日本語が上手なアメリカ人に、「どうしてそんなに日本語が上手なの？　どんな練習をしたの？」と聞いてみるのです。

セミナーや講演会に行くと、必ずと言っていいほど質問タイムがあります。私も登壇するときは質問タイムを設けますが、そこで手を挙げて質問する人はほとんどいません。

たしかに、大勢のオーディエンスが見ている中で、挙手して発言するのはハードルの高いことかもしれません。でも、質問できるときに質問しないのは、もったいないことです。

なぜなら「質問する」というアウトプットによって、脳が整理され、記憶に残りやすくなるからです。何より登壇側にとって、質問してもらえるのは、とてもうれしいこと。質問してもらうことで、さらにお伝えできることが増えます。質問したいと思うほど真剣に話を聞いてくれた証拠でもありますから、手ごたえや充実感にもつながります。ですから、安心してどんどん質問し、教えを乞うようにしましょう。

◎人類に足りない「ほめる力」

テレビやインターネットでニュースを見ていると、その内容の8割は不平不満や誹謗《ひぼう》中傷であることに気が付きます。人類のどんな人にも欠点はあるし、むしろ欠点ばかりではないかと思ったりもします。その事実を踏まえた上で、いかに美点凝視し、ほめるのか？

まさに人間力が試されるところではないでしょうか。

ですが、それは思うより難しいこと。他人の言動に文句をつけるのは、ある部分楽しい面もあるのでしょう。文句をつけるということは、自分を上の立場に置くということ。そうすることで優越感を抱くことができるからです。

また役職が上がれば上がるほど、背負う責任が重くなればなるほど、汚点凝視になりやすく、マイナス発言が増えがちです。

なぜなら、改善点を探すほうが、失敗する確率が低いから。役職や年齢が上がると、降格したくないという心理が働きます。なるべく失点せず、良い評価のまま定年を迎えたいと思うために、マイナス発言が増えてしまうのです。

誰しも、他人をけなすよりほめるほうが幸せだと頭ではわかっているはず。でも実際は、**他人の美点よりも欠点を見つけるほうが簡単だし、楽しい。だからつい、けなしてしまう**のです。

日本は戦後、アメリカが守ってくれたおかげで、劇的な経済成長を遂げました。戦後75年の間に、ここまでV字回復できたのは素晴らしいこと。でもその背景には、美点探しではなく、粗探しの勢いが勝ったという事実があるのではと、私は考えています。

日本の産業界は、製造業を中心として、経済発展を遂げてきました。今も製造業やＩＴ関係は、人の「不便」や「不満」を改善するために尽力し、画期的な商品・サービスを生み出しています。

ＩＴやテクノロジーの進化は、実に多くの人を助けてきました。ですから、もちろん不便や不満自体が悪いわけではありません。

特に、コロナの波が押し寄せた昨年は、ＩＴやテクノロジーの進化がなかったら、我々人間はもっと大変な思いをしていたでしょう。SNSやビデオ通信アプリ、VRなどがなければ、人間関係が遮断され、もっと精神的に追い込まれていたかもしれません。

大切なことは、不便や不満のエネルギーを、どこに向けるかです。その矛先を誤ると、自分も他人も不幸にしてしまいます。自分の不平不満を他人に向け、攻撃の種にすることは絶対にあってはなりません。対人間に向けては、プラスのエネルギーを向け、共に成長していけるよう働きかけましょう。その助けになってくれるのが「ほめる」なのです。

私が提案したいのは、**年に一度「ほめる日」を制定し、国同士でほめ合う**ということ。全世界でその日一日は相手のことをほめ合うのです。

ほめる日は、一年に一度、争いが止まる日です。全ての生物が喜び、笑顔になり、地球は素晴らしいエネルギーで包まれるでしょう。こんな途方もない挑戦ですが、この山を登ることを心から誇りに思っているのです。

以前イスラエルを訪問したときのこと。さまざまな宗派の方々と話をする機会に恵まれ、私はほめ合うことの大切さを熱弁しました。

イスラエルは、世界の宗教の中心地であるとともに、常に危険と隣り合わせの国。自分の身は自分で守らなければならない国の一つです。宗教はもちろん違う、言葉も文化も歴史的背景も違う、考え方も違う……そんな人々が集まる国において、お互いに認め合い、ほめ合うことは難しいことと言えるでしょう。

ところが、**言葉や宗派、文化が違うイスラエルの人々とも、ほめることの大切さについて、共有することができた**のです。誰もが幸せになりたいし、誰もがわかり合いたいのだと強く感じました。そしてそれは、地球に生きる全ての人が望むことなのではないか、ということも。

これからは「心の時代」です。ＡＩと共存するためにも、私たちはより心を磨かなくてはなりません。全ての人類が未来のことを考え、お互いに支え合い、人類としての襷をつないでいくことが大切なのです。

ほめるということは、いわば全世界共通の言語。ほめる文化をもっと広めていきたいし、広まったときに生まれる、とてつもないプラスのエネルギーを想像して、私はいつでもワクワクしています。

◎あなたは、未来を選ぶことができる！

「自分には未来なんてない」「自分に果たせる役割なんてあるはずがない」という人に時々出会います。でも、私はわかっています。本心は、そう思っていないことを。

子どものときは、きっと希望に溢れ、夢を聞かれたらすぐ答えられたはず。でも、気付かないうちにどこかで「夢泥棒」と会ってしまったのかもしれません。もしくは、優しい性格だからこそ周りの顔色を見て話を合わせているうちに、自信がなくなってしまったのかもしれません。

実は私にも、そんなときがありました。自分の未来を信じることができなくなって、仕事も「お金さえ稼げれば何でも一緒だ」とさえ思っていた時期もありました。

99%信じられなくても構いません。でも、最後の1%の火だけは消さないでほしいのです。**火種さえあれば、やがて燃えやすい草木が寄り添い、風が吹き、情熱の火が大きくなり、自信を取り戻すときが必ず来ます。**龍がじっと沼底で時を待ち、一気に天まで上り詰めるように、あなたにも飛躍するときが必ずやってくるのです。

あなたは、未来を選ぶことができます。あなたの周りも、もちろん未来を選ぶことができます。

人生はあっという間に終わる、一度きりの旅です。どう生きるのか、生き切るのか？　そして、誰にどんな襷を渡すのか？　この機会に必死で考えてみてほしいのです。あなたの行動を加速してくれるのが「ほめる」です。ぜひ自分をほめ、相手をほめ、ガッツポーズで一日を締めくくれるような毎日を送ってください。きっとあなたの未来は、すぐそこまで来ているはずです。

第3部

未来の日本のあり方

「歴史を学び、誇りをもつ人になろう！」

一般社団法人 アジア支援機構代表理事
池間哲郎

第1章

歴史を学ぶことで真の感謝が生まれる

(1) 今こそ現実を見つめよう

◎「自国を命がけで守るんじゃよ」とカンボジアの爺ちゃんに力強く諭される

アジアを中心にパラオやミクロネシア連邦など色々な国々を飛び回る中で、自分の知識のなさ、勉強不足にいたたまれぬ程の恥ずかしさを覚えたことが幾度もあった。とにかく日本に対しての質問を数多く受けてきた。何一つ、満足に答えられない自分がいたが、カンボジアの89歳の爺ちゃんとの出会いは考えさせられた。

爺ちゃんとの会話はポルポト時代の残虐さから始まった。1975年から1979年までの約4年間は地獄だった。突然、ポルポトの軍隊「クメールルージュ」がやって来て、人々を捕まえ始めた。原始共産主義に徹したカンボジア統治は〝分断〟から始まる。親と子どもが、女と男が引き裂かれる。家族は完全に崩壊。大学生の多くが殺害され、教師や実業家、政治家、知識人は虐殺。800万の国民のうち、200万人が殺されたと言われている。その惨事を生き延びた爺ちゃんは、涙を浮かべて話していた。「私の子ども達も5人殺された。どこかに連れて行かれ、二度と戻ってこなかった。どこで死んだかもわからない。どこに骨があるのかも知らない。しょうがないから村の慰霊塔で子ども達の顔を思い浮かべながら手を合わせている」と。

そんな爺ちゃんがポルポト時代を語り終えると、突然「どこからどこまでが日本なんじゃ？　領土は、領海は？　隣の国はどこだ？　戦う準備はできとるのか？」と力を込めて話しだした。

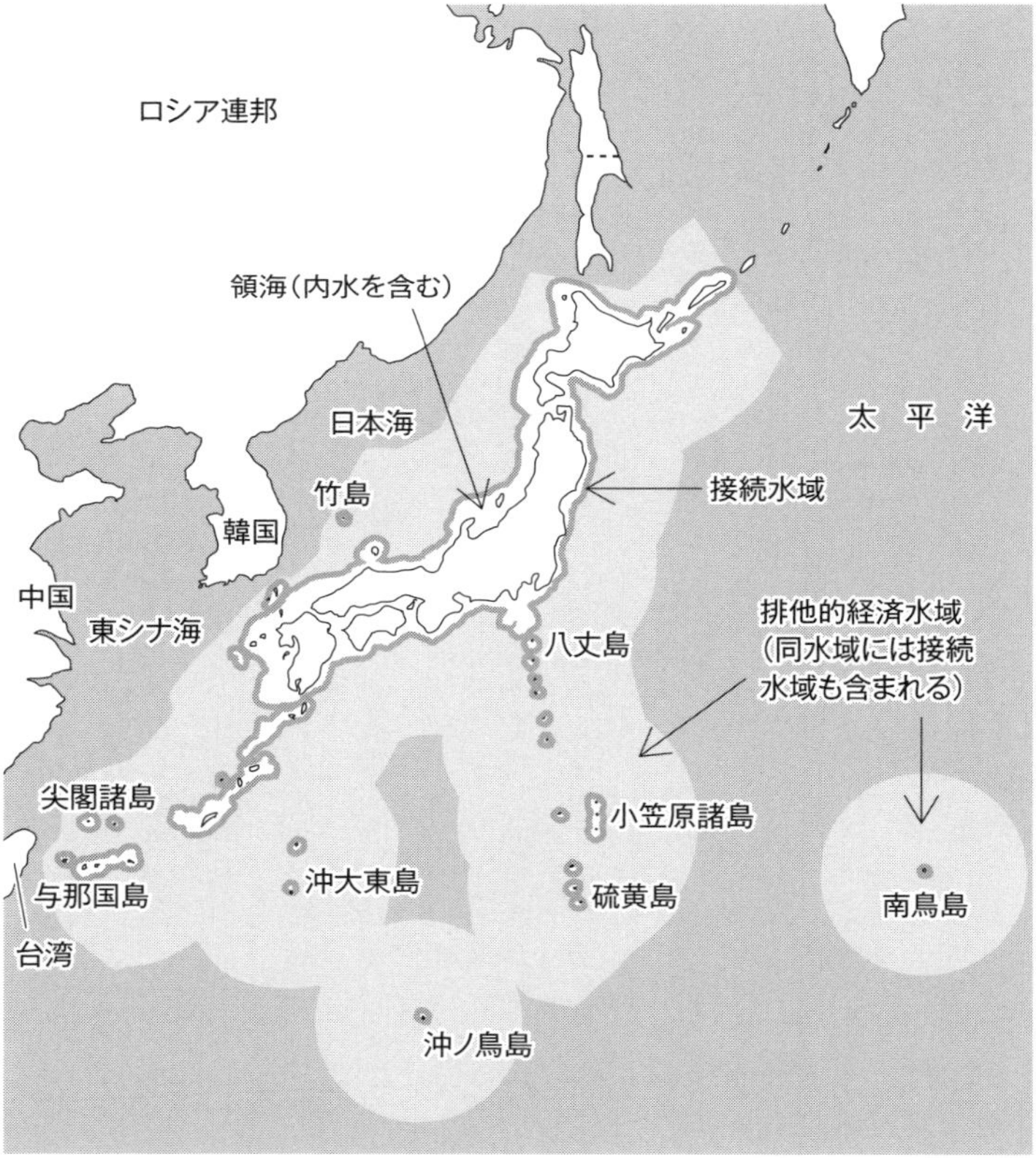

日本の領土領海。世界第6位の広さを誇る（海上保安庁ホームページより作成）
（資料）「昭和57年度漁業白書」（世界の200海里水域）、海上保安庁（日本）

これは日本人にとっては驚きかもしれないが、結構、このようなことを聞かれる。〝**隣国同士は仲が悪い**〟**というのは普通で、喧嘩しながら付き合うのが当然。**互いに利害が絡み、奪い合いも多いからこそ憎しみも深くなる。それが普通なのである。

「日本の隣国は中国、韓国、ロシア、台湾があり、太平洋の向こうにはアメリカがあります」と言うと、爺ちゃんは厳しい顔で「**自分の国を取られてはいかん。命がけで守るんじゃよ**」と諭すように言った。日本人のほとんどは自分の国の領土、領海を知らない。尖閣はどこ、北方四島の名前は、竹島の場所は、沖ノ鳥島、南鳥島はどこにあるのと聞いても完璧に答えを出せる方は稀《まれ》だろう。情けない話である。

◎日本人は何も知らないことを知っているか？

ミャンマーの21歳の乙女が「日本人は同じ仏教徒だが、仏様のことは全く知らないよね。なんでなの？ おかしいんじゃない？」と不満そうな表情で聞いてきた。彼女は「仏教のことをもっとベンキョウしなさいよ！」と言い、〝仏様の人生から教えまで〟を延々と語り始める。あまりの熱心さに「すみません。もうその辺で終わりましょう」と言うと、両手を広げてあきれ顔をした。いかにも怒っている様子だった。

インド人は日本が大好きだ。でも、「あんた達のお陰でイギリス植民地から独立することができた。チャンドラ・ボースを知ってるか？」と日本人に聞いてもほとんどが知らないと答えるので、憤懣やるかたない。「あんた達日本人はおかしいよ。若い者は日本の悪口を言うのが多い。なんで自分の国を悪く言うんだ。歴史も全くわからないし、神様の話も一切しない。**一体、日本人は何を大事にして生きてるんだ**」と怒りだした。

やはりチャンドラ・ボースを知らないことに最も大きな怒りを覚えたようだ。日本とインド人が共にインド国民軍を創設してイギリスと戦い、これが独立のきっかけになった。チャンドラ・ボースは英雄なのだ。でも「日本人はガンジーだけが偉いと思っているでしょ。ほんとうに非暴力でイギリスから解放されたと信じきっている。これっておかしいと思わない？」と拳《こぶし》を握る。「ガンジーと同じくらいチャンドラ・ボースは尊敬されている。日本の応援に対してインド人は感謝している。なのに、なぜこんな大事なことを知らないんだ」と怒り心頭だった。

インドの隣国パキスタン（両国は徹底して仲が悪い）のとある男性は、日本女性と結ばれ東京に暮らす。もう50歳にはなるだろう。長身でがっちりしたマッチョタイプ。彼は日本人と接してジレンマを感じると言う。

「なぜ日本人は自分の国を勉強しないのだ。不思議でたまらん。こんな立派な国は滅多にない。羨ましい文化と技術をもち、人々は真面目で誠実、穏やか。でも自信がない。祖国をほめ称える日本人は少ない。本音は日本が好きだとはわかるが、弱々しく感じるし、自信や誇りがないのかと思ってしまう」らしい。

そして更に怒りを込めて「日本人がアメリカ好きなのはなぜ？」とエラい勢いで唾を飛ばして語る。「どうして広島、長崎に原爆を落としたことを怒らないの？　どうしてアメリカの言うことを聞くの？〝アンタ達はどうせアメリカだから〟と言われているのは知っているのか!?」「自分の国の先輩方を虐殺した国を尊敬するなんて考えられない」と語る。

スリランカでは「日本を大事にした我が国の大統領ジャヤ・ワルダナは知っているか？」とよく聞かれる。「えっ！　誰？」と答える日本人は多いだろう。

1952年のサンフランシスコ講和会議において、敗戦国日本のことを擁護したスリランカの第2代大統領、日本を励まし守り続けてくれた恩人である。終戦当時、戦勝国の勝手でソ連は東北、北海道、英国は中国地方、九州、アメリカは関東、関西、中国は四国と分断し、ぶんどると決めていた。結局はアメリカの采配で分断されなかったが、この時もスリランカの偉人は日本を守り続けてくれたのだ。

大勢の国家代表の前で「日本の分断を許してはいけない」と訴えた。なのに、日本人は知らない。「なぜ知らないいんだ？　ジャヤ・ワルダナ大統領は日本に象を贈ってくれたんだよ。日本の子ども達に勇気と愛を届けたんだ。亡くなった時も『自分の目の一つは日本人に献眼を』と遺言したんだよ！」と、日本をこんなに愛した大統領を知らないことをひどく怒っていた。

パラオでは「日本人は神道を大事にしているんだよね。アンタも神話は勉強したか？」と聞かれた。

「日本人がパラオに教育をもってきてくれた。その教えは偉大だった。日本の先生方は厳しかったよ～。とっても怖かった。当時、日本教育を受けた人は、ほぼ全員がホッペをパチーンとビンタされた経験があると思う。私も何度も殴られた。だから先生方が怖くてたまらなかった。でもね、ものすごく真剣だったんです。ビンタされたのを恨む者なんか、ほとんどいません。深い優しさを感じていたからです。だから、みんな先生の名前を覚えているの」と**日本式教育に対して尊敬と感謝の言葉を伝えてくれる。**

日本の素晴らしさを語る婆ちゃん達を前にして「多くの日本人は神社には行きますが、神道のことは全く知りません。最初の神様の名前、『天之御中主神《あめのみなかぬしのかみ》』さえもわかりません。まあ天照大御神《あまてらすおおみかみ》くらいは知っているかも？」とは絶対に言えなかった。

タイで**「日本人にとって最も大事なのは何ですか？」と聞かれた時、私は答えきれなかった。**「何だろう？」と唸《うな》ってしまった。ラオスでは「天皇陛下とは何ですか？」との質問が。まさかの質問にたじろぐ。何と答えたらいいのか。

◎日本人は滅びを前にした民族である

若い頃、私は自分の国の歴史などに全く興味がなかった。縄文時代から始まり現代史は、ほぼ教えられず神話も学ばない。ましてや皇室、天皇陛下については勉強したこともなかった。周りの大人たちが天皇皇后両陛下を敬う姿を見ているだけ。基本的なことは知っているつもりではあったが何も知らない。天皇陛下のお役目も歴史も、国民との関わりもさっぱり。

キョトンとしている私を不思議そうに見つめながら、ラオス人の青年が「我が国にも王様がいましたが、今はいません。そのほうがいい。日本も天皇陛下はいなくてもいいんじゃないですか」と素直に感じたことを言っていた。「コレは違う」「王様と天皇陛下は違う」と何となく感じていたので、なくすなんてトンデモナイとは思うのだが、「なぜ」に対する説明ができなかった。

香港で偶然出会った30代のユダヤ人男性は、日本に非常に興味をもっていたが、今はないと言う。〝失礼とは思うけれど、**滅びを前にした民族だから**〟とすまなさそうに言い、そのあとは口をつぐんでしまった。なぜなんだろうとの思いは膨らんだのだが、偶然に会った男だ。気にすることもないだろうと思っていた。ところが、書物なのか記事なのかははっきり覚えてないのだが、ユダヤ人が書いた文章として、こんな言葉が。

「ユダヤ人は自分達の歴史や宗教を大事にしている。ユダヤ人のアイデンティティーを徹底して子ども達に教える。だから国がなく流浪の民であろうと、差別を受け迫害されようとも消滅することはない」

「日本は違う。自分の国の宗教（神道だろう）も大事にせず、日本人としての誇りも教えず、日本人が大事にするのは何かも伝えない。あんた達は大きな国に暮らし、人口も1億を超える。だがそんな国は必ず滅びる。あと100年はもたない」との記事だった。

「あと100年はもたない」との文字が私の頭に強烈に残っている。確かに当たっているとも思う。カンボジア難民でタイ国境沿いのキャンプで生き抜いた青年に、「自分は日本に興味があり、日本語も勉強しています。天皇陛下のことも知るようになりました。私は天皇陛下を心から尊敬しています。日本人はみんな天皇陛下を尊敬しているんですよね」と爽やかな眼差しで尋ねられたが、何も答えきれなか

出雲大社《いずもおおやしろ》。因幡の白兎神話

った。情けない限り。まいったよ。

アジアの至る所で「日本人とは何ですか？」とも聞かれた。日本という祖国を学んだことのなかった私は、何一つまともに答えきれない。ただ、口ごもり、無理なハッタリを言うしかなかった。恥ずかしい思いが溢れる。自国の歴史や精神的な文化を全く知らない。自分は日本人ではなかった。

20世紀を代表するとまで言われるイギリスの有名な歴史学者・アーノルド・ジョセフ・トィンビーは、こう語っている。**「12、13歳くらいまでに民族の『神話』を学ばなかった民族は、例外なく滅んでいる」**と。自国の神話を13歳までに教えない国家は必ず滅びるというのだ。さもありなんと納得する。それほど神話は大事だ。

◎日本人よ、自国を語れないことに気づけ！

様々な国の人々から「日本って何？　日本の神様は？　大事なのは何？」と聞かれ、答えきれない恥ずかしさを知った。**だからこそ40代半ば頃から祖国を少しずつ学び始めた。**

「何を大事にしているのか」を考えるようになって、私なりの答えをもつようになった。日本で最初の神様は「天之御中主神」と漢字で覚え、スラスラと答えられるようにもなった。異国の方に、日本で最も有名で大事にされているのは「天照大御神」だと言って、「太陽の神様だよ。だから国旗も太陽なんだ。日本はお日様を大事にする国なんだ」と答えると、「そうなんだ」と感心する。

日本の国旗は素晴らしいデザインで多くの方が「白地に赤い日の丸」と知っている。「太陽神『天照大御神』は女性ですよ」と言うと〝キョトン〟とした顔を向ける。「なんで？　日本はサムライの国。男が威張って女性は大変なのでは？　男尊女卑でしょう」となる。

「違うよ。日本の男達のほとんどは奥様を大事にしますよ。給料をもらったら全額、奥様に預けるのが普通ですよ」と言うと、「まさか〜」の連発。どうやら徹底して男が威張り、女がオドオドしているという印象が定着しているようだ。だから給料を奥様に全額渡すのは驚きと衝撃を与える。かなり説得力が高いと私は解釈している。結構、欧米などでは夫婦の稼ぎは別々が多い。

天岩戸神話の天照大御神（『岩戸神楽之起顕』春斎年昌・画）

「太陽を大事にする」という日本国の説明にもう一つ。自分自身のことを話す。「私は子どもの頃、母親からお天道様（太陽）がいつも見ているから、誰も見てなくても悪いことしてはいけないよ」と教えられたと語ると、「それで日本人は真面目なのか。誰も見てなくても一生懸命に働くのか」と言われた。

　びっくりする質問もあった。「じゃあ、昼間は太陽が見ているから悪いことをしないが、太陽が沈んだあとは悪いことをしてもよいのか？」とも言われた。

　これこそ「待ってました！」と余裕をかます。

「違うよ。**お天道様は夜になったら反対側から暗い中をじっと見ているよ。小さな光を当てて見ている**んだよ」と言うと納得した。パ〜ッと照らす明かりと、仄《ほの》かに照らす明かりで見つめている。これ、意外に納得します。母親は太陽、その子は太陽の子。

日本人は太陽の子どもですと自信たっぷりに語る。すると「ほ〜」とため息をつき、時には拍手も出る。

皆さん、「お天道様が見ている」「最高神は女神で太陽」「お母さんは太陽、その子は太陽の子ども」。これを言ってください。**日本人はとにかく自国を語れない。祖国への感謝、誇りもない。「世界から見るとこれは非常に珍しい」ということに気づいてほしい。**

⑵ 歴史を学ぶことが先祖・先人への真の感謝に繋がる

◎ 先人が守ってきたからこそ、日本があり、日本人がいる

祖国を知ることの大切さは身に沁みて感じている。沖縄出身の私は、多感な10代を米軍統治下のコザ市（現・沖縄市）で過ごした。だから本土の方々にはわからない悲しみを知っている。〝異国に支配されることの惨めさ〟である。目の前でアメリカ人達が威張りちらし、理不尽を押し付けていた。どうしようもない敗北感と虚しさは、徹底して自分自身

を賤《いや》しめてしまう。あくまで私個人の感覚なのだが、とにかく惨めだった。凄《すさ》まじい事件が何度も起きた。女性への乱暴は目の前で見てきた。奪われ、殴られ、犯され、殺害されても、当の犯人は「本国送還」で無罪の状態。子ども心に「何だ、これは⁉」と怒りを感じていた。何も言えない大人達に卑屈さを見た。自信喪失は当たり前だよ。誇りなんてとんでもない。思春期は、正直「アメリカ人に良い人は一人もいない」と本気で思っていた。

ところが、地元の空手道場での出来事が私を大きく変えた。共に修練する門下生の中にもアメリカ人がたくさんいたが、その男達がものすごく紳士で優しかったのだ。そしてその同門のアメリカ人達の強さ、優しさが私を親米に変えていった。今は反米感情は一切ない。

自分が何者かわからなくて苦しんでいた時代もあった。「自分は日本人？」「沖縄人？」「アメリカ人？」と悶《もだ》えまくり、自分なりに図書館に行って沖縄を調べた。言語、宗教を学んだ。「言葉、宗教、血液、全てが日本人である」と、大人になってＤＮＡ研究が進み、よりはっきりした。日本人の祖先は「縄文人」である。その〝縄文の血〟を最も引いているのが「沖縄県民」だと知った時は嬉しかった。アイヌ民族が縄文の血を最も引いているが、県民としては「沖縄」が圧倒的」なのだ。嬉しかった。

もっと嬉しいのが1972年5月15日の出来事だ。〝やっと日本人に戻れた日〟つまり「祖国復帰の日」である。とにかく叫びたいくらい嬉しかった。それまで祖国復帰運動に子ども達も駆けつけていた。画用紙に「白地に赤く〜♫」と日の丸を描いて、その端っこを小さな棒にクルッと巻いて貼り付ける。そんな日章旗を懸命に振っていた。「アメリカ帰れ!」と叫んだものです。

本土復帰の記念式典の様子をテレビでジッと見つめていた。18歳の時だった。飛び跳ねるような喜びではなく、じわ〜っと内面から湧き上がるような本質的な喜びだった。涙がポロポロと落ちてきた。拭いても拭いてもとめどなく流れてきた。

海外を回っていると、それぞれの国の人々が誇らしげに自国を語る姿に何度も出会った。 小さな国でも自分の国は自分で守る気概を強くもち、いざというときの覚悟もあるという。自分の国をほめ称え、子ども達が誇りをもてるような教育に力を入れるのが普通。悪いことは教えないものなのだ。ところが不思議なことに、私達の国では「日本が迷惑をかけた。だから〝反省しろ、謝罪しろ〟」と子ども達に教える。

隣国との戦いは、当然のごとく、どの国でもあるし、戦いの歴史も普通に語られる。現代史を大事に教えているのが当たり前。なのに「時間が足りない」とごまかし、風のごとく過ぎゆくか、知らんぷりを決め込んで教えないのが我が国の特徴。それをそのまま放っておく大人達の態度はいかがなものか。

先人達がどれほどがんばり、祖国を守ってきたかを教えるべきだと私は思っている。思想的な問題ではない。先人への感謝は必要だと思うからだ。右とか左とかそんなことはどうでもよい。**守ってきたからこそ日本があり、日本人がいる。**これを学ぶのは大事。

◎元寇から日本を守ったのは、神風なんかではない

最初にモンゴル帝国（元《げん》）が属国の高麗《こうらい》を使い、二度にわたって行なった〝我が国への侵略〟を徹底して教えるのは重要。現在、この侵略は「神風」が吹いたから日本は助かったと教えられている。台風か嵐が吹いて元の船が沈没し、偶然と奇跡が重なり日本は守られたというが、そうではない。**侍をはじめとする日本人の命がけの防衛があったからこそ**

守られたのだ。なぜこんな大事なことを伝えないのだろうか。

高麗の兵士たちの残虐さは際立つ。壱岐・対馬の人々が凄まじい状態で虐殺された。私自身も壱岐・対馬を回り、「元寇」について教えていただいた。壱岐には至る所に「千人塚」と言われる、殺されたご遺体をたくさん埋葬した場所があった。もちろん対馬にも戦いと虐殺の碑があった。これほどまでに酷かったのかと目を覆わざるをえないほどだ。文永の役（1274年）、ついで弘安の役（1281年）と二度の侵略で虐殺された人々に合掌する手が震えた。

北条時宗をはじめとする鎌倉武士たちは圧倒的不利な状況でも戦い続けた。当時、世界最大の艦隊で最強の軍隊が日本を侵略。日本兵を皆殺しにし、そして、無辜《むこ》の民を殺しまくった。壱岐・対馬の惨状は残酷極まりない。主戦場となった九州北部でも虐殺が行なわれた。鎌倉武士は圧倒的な力の前に脆《もろ》くも崩れ去る。博多は火の海となってしまった。「今回は、このくらいにしてやる」と意気揚々と高麗を中心としたモンゴル帝国軍団は引き上げていった。文永の役においては力を見せつけるのが狙いだったのか。恐ろしさを日本人に焼き付ける。逆らうことなく日本は属国になると見たのだろう。

撤退から7年後、言うことを聞かない日本を叩き潰せと、さらなる蒙古の大群がやって来た。主戦力は高麗軍。前と同じで簡単に落とせると自信満々だったが、迎え撃つ日本勢は地道に研究を重ね戦略を立てていた。蒙古の船団が上陸すると予想される浜辺に防塁（敵の上陸を阻止する石の壁）を造り、待ち受けたのだ。

　戦いが始まると、鎌倉武士たちは命を捨てて立ち向かっていった。７年前の敗北から学び、戦い方を知っていた。

　蒙古軍団はタジタジだった。侍達の勢いと勇気に恐れさえ感じたという。陸での戦いでも苦戦。当時の戦いでは、夜になると船に戻り、夜が明けると、また戦い始めたのだが、侍達は船に乗って夜襲を仕掛け、闇夜に紛れて刀を振りかざす。世界最強最大の蒙古軍はヤラレっぱなし。敗北感が

少《しょう》弐《に》資時《すけとき》公。多くの鎌倉武士が命を捨てて日本を守り通した

兵士の間に湧き、厭戦《えんせん》ムードが充満。

兵士たちは属国である高麗人だったので、元のために戦い抜くなんて高尚な思いはない。もう嫌だ、もう帰ろうとなるのは当たり前。**北条時宗公をリーダーとする鎌倉武士の命がけの国土防衛意識の強さとサムライ魂があったからこそ勝てた**のである。高麗軍の戦闘意欲が、極端に落ち込んでいる時に台風がやって来たのが事実だ。それを偶然の奇跡で勝てたと教えるのは、もうやめたほうがよい。

日本侵略のため異国の軍隊が世界最強軍団として乗り込んできた。これを必死になって食い止めた鎌倉武士に感謝の思いをもつのは大事。そして侵略のために殺害された人々に哀悼の意を表し、危機感を学ぶことも重要。

もし蒙古軍に屈していたら、どうなったか。完全に元の属国となり、高麗の言いなりになっていたであろう。現在までその影響が続いていた可能性だってある。歴史が変わり日本がなくなっていた可能性も。「守り通した鎌倉武士よ、有難う」が本筋だ。それを神風、偶然、奇跡で片づけるのは、そろそろ終わりにしたい。

◎幕末も、先人達が日本を〝欧米列強の植民地化〟から守った

浦賀の港にアメリカ合衆国海軍東インド艦隊４隻がやって来たのは１８５３年。日本中が大騒ぎ。マシュー・ペリー率いる黒船に右往左往。鎖国状態の日本は外国との付き合いは避けたかったのだが、その圧倒的な力の差に妥協せざるをえない。仕方なく日米和親条約を結ぶ。ここから日本は急激に変わる。その時期を幕末と呼ぶ。

危機感を強く持った当時の日本人の中から偉人が数多く出てきた。祖国を守る思いが強く、今のままではダメだと改革に動く。江戸幕府から政権を奪うウネリは大きく激しい。周りの国々を見ると「ほとんどが欧米列強の植民地」「白人がアジア人から搾取するのは当たり前」「アジアだけではなく、世界中が〝白人だけが人間〟の時代。有色人種は猿にすぎず、家畜同然」、このままでは日本も欧米の植民地になるとの危機感は相当なものだったろう。幕末の混乱から大政奉還が行なわれ、武士の時代は終わりを迎えた。

すぐに富国強兵へと進路を決めた。決して戦争賛美ではない。**その当時、日本が弱いままの状態だと確実に植民地となっていたであろう。**アジアの国々を見ればわかる。中国

は、切り刻むようにして白人国家による利権ぶんどり地域が決められた。後に日本も参入。独立国家とは言えない状況。フィリピンはアメリカ、ベトナム、カンボジア、ラオスはフランス、マレーシア、ビルマ、インドはイギリス、インドネシアはオランダ、ティモールなどはポルトガル、太平洋の島嶼《とうしょ》国はドイツ。このように独立国家の形態は皆無で、タイと日本だけが自分の国を守っていた。

タイはイギリス、フランス等が狙っていたが、白人帝国植民地の最盛期で、ぶんどろうとして戦いをするとお互いが弱くなるので、今は戦わずに置いておこう。「美味しいものは後で食べよう」という緩衝地帯だった。**アジアの中で自分の国を自力で守っていたのは日本だけだった。**正確に言えば、ネパールやブータン、チベットも独立国家の形はあれども実質はイギリス支配だった。いかに私たちの先輩方ががんばり続けたかがわかる。先人に感謝の思いが湧いてくる。

幕末の頃から日本の力の蓄えと学びが始まる。国家としての近代的軍隊をもち外敵に備える。鉄の製造、造船技術などをアメリカから学び、中央官制、法政、身分制、地方行政、流通、金融、産業、経済、文化、教育、外交などを徹底して白人国家から学ぶ。最も感心するのは、敵側だった幕臣、江戸幕府の学者、外交官、軍人等の優秀な人材を免罪の上、体制側に数多く登用したことだ。

ベトナム・ハノイ・ホアロー収容所。白人以外は人間ではない時代があった。多くの有色人種が奴隷で家畜だった。フランス統治時代のベトナムの地獄。罪なき人々が牢獄へ入れられ死んでいった

あまり知られていないのだが、現先進国の中で、日本は、近代への体制転換時の内戦による死傷者が極端に少ないことに対する評価が高い。やはり先人達は偉大だと思う。素直に異国から学び、取り入れる。これこそが日本人の力だとも思う。

天皇親政体制への変換と国家づくりに邁進した。わずか25年余りで近代化に成功し、欧米に勝てるとまでは言えないが、対抗できる国家の軍隊も構築した。**あらゆる面でものすごいスピードで成し遂げていった。近代化に遅れていたならば、確実に欧米列強の植民地**

となり搾取されていたであろう。人間扱いもされていなかったと確信をもって言える。

私はアジアの国々やパラオ、ミクロネシアの島国を回り、かつて白人の植民地時代はどのような暮らしだったのか、どんな目にあったのかを聞いてきた。植民地時代を経験した爺ちゃん、婆ちゃんから直《じか》に話を聞き、映像と音声を記録に収めてきた。

その悲しげな目と怒りに満ちた声、震えた手は胸に焼き付く。だからこそ植民地時代の残虐さを知ることができた。ほとんど語られない、1941年以前の白人だけが人間だった時代。学校などでは教わることのない、アジア人、アフリカ人の悲しみ。奴隷となった有色人種の地獄を知るようになったのである。

どうか皆さん、自分で調べていただきたい。書物やインターネット等で「白人、植民地時代、コンゴとベルギー、ラスカサスと南米インディオ」について調べてみてください。

◎日露戦争での日本人のがんばりに、心より感謝する

日露戦争も、日本にとって非常に大きなできごとである。1904年、ロシアと日本の

戦いは「猿が人間に逆らって戦争になった、馬鹿な日本」と嘲笑の的だった。当時、白人は人間であり、東洋の外れのモンゴロイドである日本人は人間ではないとみなされていた。多くの白人が大笑いした。世界最強の陸軍をもつロシア軍に勝てるわけがない。日本人は気が狂ったとまで言われていた。

徹底した嫌がらせを受け続け、我慢の限界だった日本人と、常に日本侵略と植民地化を進めようとしていたロシア。満州はすでにロシアが利権を握っており、やりたい放題。次は朝鮮、朝鮮を落としたあとは日本と、狙いを明確に定めていた。いかに有色人種を自分達の奴隷にするか、自国の植民地にするかと白人国家がしのぎを削る時代。なんとか朝鮮、日本を支配しようと動いていた。

攻められ脅され続けた日本。日清戦争勝利の結果、得た遼東半島も、〝清に返せ〟と、ロシア、フランス、ドイツが理不尽な言いがかりや難癖をつけ脅してきた。３つの大国相手では勝てない。我慢するしかない。悔しかったと思う。それでも日本は耐えた。とうとう限界だ。「よしやろう」と決めたのか。

戦費もない、どの国も日本が負けると断言していた。お金を貸してくれない。力も貸してくれない。その時、ロシアから徹底的差別を受け虐殺されるユダヤ人たちが動く。ジェイコブ・シフが日本の国債を買ってくれた。イギリスの金融業界も日本に金を出す。アメリカのエドワード・ヘンリー・ハリマンもお金を出してくれた。

そして戦争が始まった。誰もが日本は負けると思っていた。ところが第一次ロシア革命が勃発したことで、時の情勢も日本に味方してロシアをやっつけた。薄氷を踏む思いの勝利。**戦争を終わらせることも当時の日本政府はうまかった。もし長引いていたら負けていたとも言われている。**世界中が驚いた。「あの猿が人間をやっつけた。ロシアに勝った！」と世界のマスコミが伝える。白人たちは驚き、恐怖を感じたであろう。**この戦争の勝利は世界が日本を警戒する大きな要因になった。**それ以上に多くの有色人種国家に勇気を与えたのも間違いない事実。今でも「日本は白人達をやっつけた。自分達と同じ顔をした日本人達が白人を追っ払った」と語る高齢者がおられる。

もし日露戦争で敗れていたら、日本は間違いなくロシアの植民地になっていただろう。私達日本人は人としての扱いなんかされない。奴隷としての扱い。対等の人間なんて思いもしない。日本人は苦難の道を歩み続けていたであろう。**先輩方はよくぞがんばってくれ**

た。感謝しかない。素直にそう思う。

◎敗戦後の日本の現実を知るべし

先の大戦で日本は完膚《かんぷ》なきまでに叩き潰された。戦争に至るまでの状況を冷静に教え伝える必要性があると考える。「日本が悪いことをしました。多くの人々を傷つけ迷惑をかけました。たくさんの人々が亡くなりました。我が国は反省しなければなりません」との教育だけでは、完全に日本だけが悪となる。

戦争を望む者は誰もいなかった。当時の近衛文麿首相はルーズベルト・アメリカ合衆国大統領に対し、戦争回避の話し合いを幾度も頼んでいる。直接、話し合いを行ない、戦争を避けたいとの願いを伝えるも、取り合ってもらえなかった。平和のための努力を懸命に行なっている。もちろん我が国にも落ち度はあるだろうし、大きな誤解も与えたのであろう。**それでも戦争は避けたいとの思いも強かった**のである。

アメリカを中心とする連合国と我が国の国力の差は余りにも大きすぎた。そして叩き潰された。その後「日本のみが悪かった。日本人に全ての罪がある。連合国は正しかった。日本に全ての責任がある」という、最初から結論が決められている裁判が行なわれた。とんだ茶番である。現在では、多くの法律や裁判の専門家により「敗戦国に対する戦勝国のリンチにすぎない」と言われている。

事後法における裁判などありえない。日本軍人などの弁護を行なったアメリカ人弁護士達が疑問を呈し、徹底的に戦ったという事実もしっかりと教えてほしい。全ての戦争責任は日本にあり、連合国側は全てが善であり正しいとの結論はおかしい。国家間の戦争は「何を言おうと五分五分」とどちらにも言い分があり間違いもある。日本だけが悪、枢軸国だけが間違いだと結論付けたこの裁判を正義とするのは、絶対的に無理がある。

敗戦後、米軍を中心としたGHQが乗り込んできて日本を支配する。マッカーサー元帥がトップとなって我が国から自信と誇りを奪い取り、二度とアメリカに逆らわないようにと日本を貶《おとし》める。公職追放令により20万人以上の教師や学者、政治家、経済人などが職業を奪われ野《や》に下る。**神道指令で日本の精神文化を破壊する。神話、皇室を語るのも禁止。茶道、華道、剣道、と日本精神を表す「道」の多くを禁じた。映画などの文化面も禁止。**

白人たちの植民地政策や日本の素晴らしさを語る書物は始末された。ここまでやるかと思えるほど、日本らしさはシャットアウトされた。
ものの見事に日本人の精神性は破壊されてしまった。なぜここまでやったのか。完全なる国際法違反である。それでも戦勝国が正義と言われる。

連合国がやった日本改造は今も続いている。アメリカの手法は見事としか言いようがない。かといってアメリカを責める気はない。アメリカからすれば「ものすごい精神性をもつ日本人を叩き潰し、二度と逆らうことがないように」との戦略は正しいのかもしれない。問題は「戦後75年間も、何もせずにアメリカが押し付けた自虐史観を放置し続けた」日本人の問題だと私は思っている。

現在も日本はアメリカに抑え込まれている。最も明確にわかるのが東京の空。首都の空はアメリカだ。羽田空港上空から関東一円、新潟までの空をガッチリとアメリカが所有している。このような状況は世界的に見ても異様だ。この悲しい現実を子ども達に教えるのも大事だ。敗戦後、今日までを日本国民が精査すべきだと思う。

(3) 歴史を学べば未来が見える

◎各国の歴史観を知ることの意義

〝愚者は経験に学び、賢者は歴史に学ぶ〟という有名な言葉があるが、まさしくその通りだ。**我が国の歴史を知れば日本の長所短所が見えてくるし、精神文化を理解すると祖国の素晴らしさがわかってくる。自国を見て他国を知ることも大事だと認識するようになる。日本はどうあるべきかを考えるようになるのだ。**

特に隣の大国・中国と海の向こうの大国・アメリカを知るのは大事。この2つの国は違うようで似ている。アメリカ人と中国人は好戦的なところも似ている。歴史を見ると自国の美化が多く、他国を思いやるのではなしに、利用と搾取の歴史であることも知る。だからこそ**米中のみならず、異国の歴史を学ぶのは重要**だと痛感する。**国際関係を見る中で相手国の〝歴史観〟を知るのは大事。**その結果、米中と日本、異国と日本の関係構築の深い読みができるようになり、未来がはっきりと見えることも。

私たち日本人が絶対に知らなければならないことがある。

1972年、沖縄が祖国に復帰するのと同じ年。アメリカは前年の1971年にキッシンジャー（当時国務長官）を密使として中国へ送った。同盟国日本に隠し、突然訪問したのだ。毛沢東や周恩来と段取りをつけ、ニクソン大統領の訪中を待つ。そしてニクソンと周恩来の会談が始まる。両国は、これからのアジアについて取り決めを行なう。アメリカは、ソ連と対抗するためには絶対に中国を味方にしようと思ったのだろう。**決めたのは「アジアのリーダーは日本ではなく中国である」ということ。**台湾問題には触れない。

日本についてはさらなる密約が。**「日本を自立させない。アメリカが日本を抑える。絶対に核武装をさせない」というもの**である。自分達はとんでもない核武装を行ないながら、たとえどんな危機に陥っても日本だけは核武装を認めない。現在、ロシア、中国、北朝鮮が日本に核ミサイルを向けている。アメリカだって気が変わるかもしれない。

アメリカは日本よりも遥かに中国が大事。その戦略は戦後ずっと続いている。江沢民、胡錦濤、習近平などが訪米すると、時のアメリカ大統領との会談が何時間も続き、熱心に会議が行なわれる。1972年に取り決めた約束事の確認ももちろん行なわれている。**世界は日本がいかに危ないかを知っているが、日本人だけが危機感をもっていない。こんな国はないよとあきれられているかもしれない。**

現在、意外なことが起きている。あのアメリカが「将来的に中国は危ない」と本気で中国を叩き潰そうとしている。あらゆる先進技術を盗みまくり、世界に脅威を与えるチャイナは危険だと認識したのだろう。

豊かになれば中国人は目覚める、中国も民主化するとの目算は完全に外れた。我が国でも多くの知識人などが「中国が豊かになれば民主化する」と真面目に言っていたが、外れても責任を感じる様子が全くない。これは笑えない。アメリカの本気が続いてくれるのを祈る。

◎アジアから見た日本　日本から見たアジア

日本人は戦後教育の中で「自分の国は悪いことをした。アジアに迷惑をかけた。反省と謝罪をしなければならない」などとわけのわからないことを擦り込まれてきた。

Ⅲ. 平和国家としての日本の歩み

Q 戦後70年の日本の平和国家としての歩みについてどう思うか。

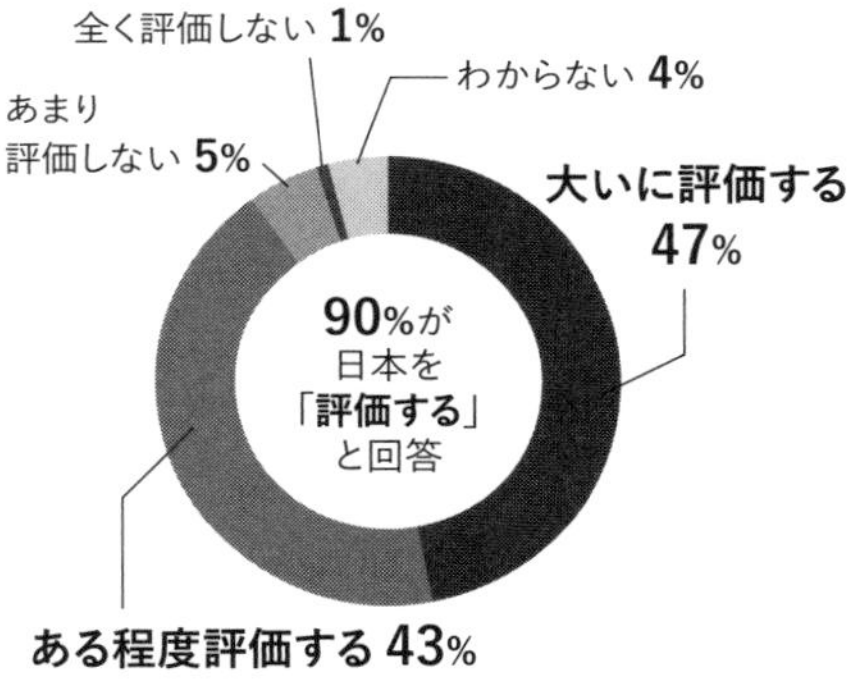

Ⅴ. 今後の重要なパートナー

Q 今後重要なパートナーとなるのは次の国のうちどの国か。

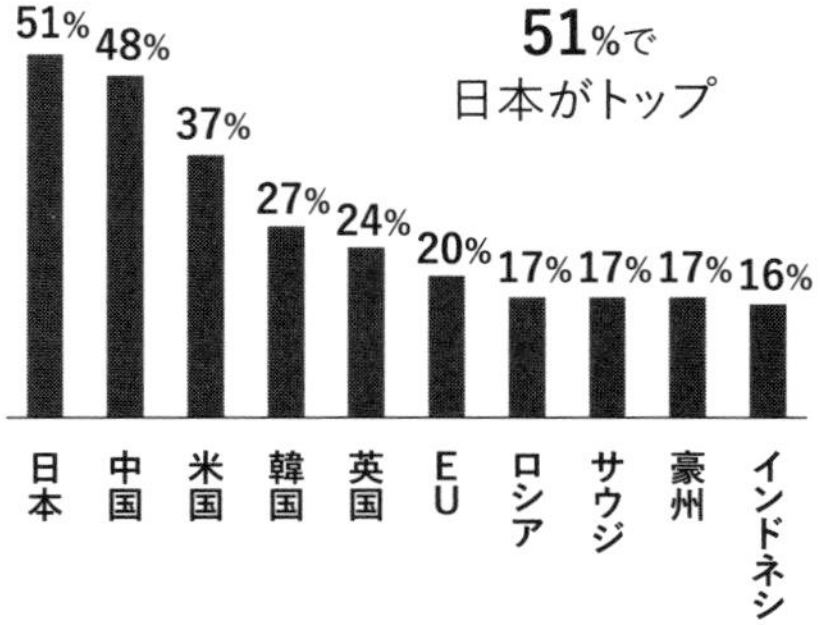

■調査対象国　ブルネイ、カンボジア、インドネシア、ラオス、マレーシア、ミャンマー、フィリピン、シンガポール、タイ、ベトナム
■調査対象者　各国18～59歳の男女３００名
■調査期間　２０１９年11月
■調査方法　インターネット調査（一部訪問面接調査併用）
■調査機関　Edelman Intelligence

外務省発表　海外における対日世論調査　令和元年度　外務省より拝借

令和元年度 ASEAN(10か国)における対日世論調査結果

I. 対日関係

Q あなたの国と日本は現在どのような関係にあると思うか。

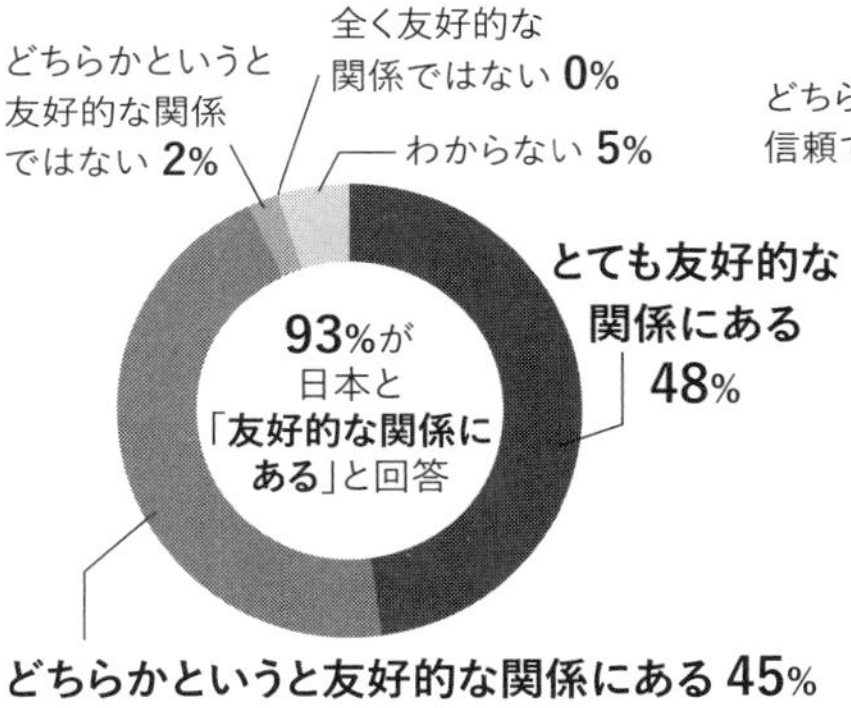

II. 信頼関係

Q あなたの国の友邦として、今日の日本は信頼できると思うか。

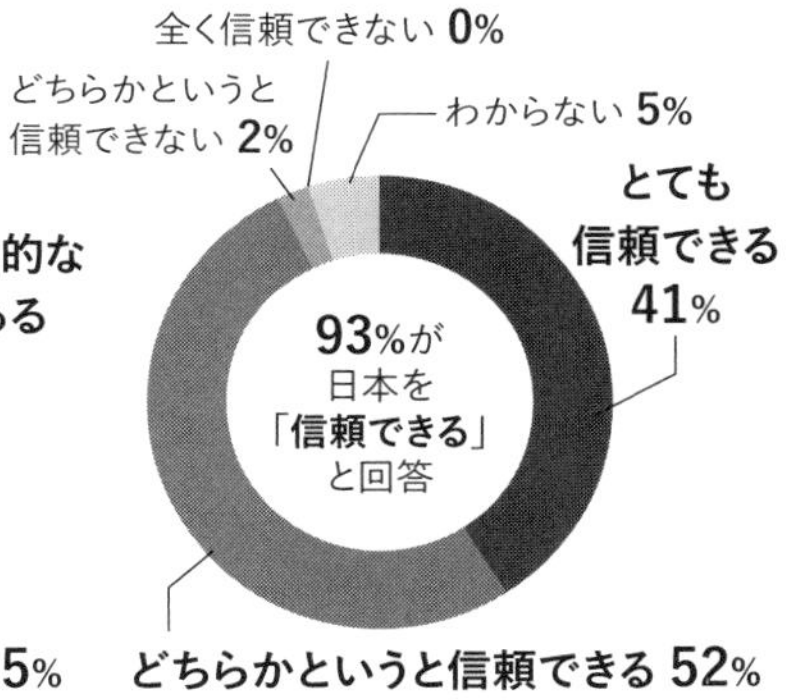

IV. 日本の役割と支援

Q 日本は「世界経済の安定と発展」においてどの程度重要な役割を果たしていると思うか。

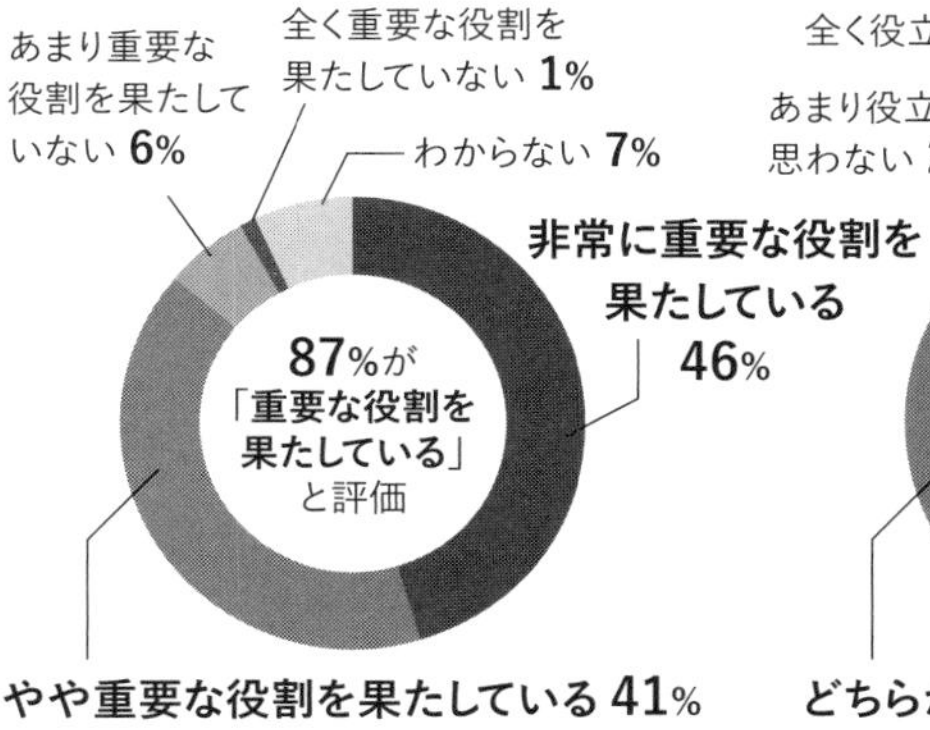

Q 日本が地域及び国際社会の平和と安定に積極的に貢献していくのは世界の平和維持や国際秩序の安定に役立つと思うか。

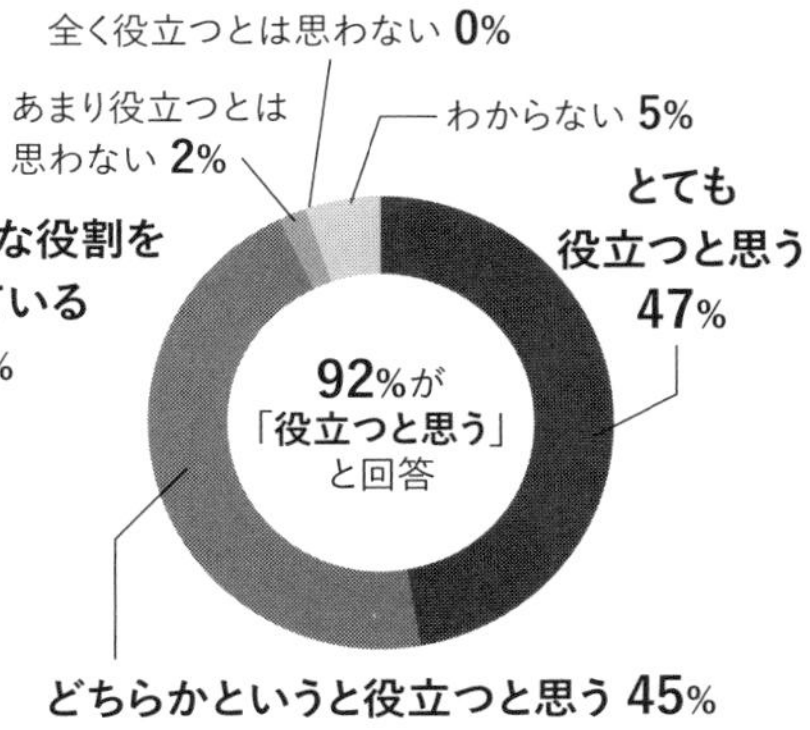

※回答の比率は四捨五入のため合計が100%にならない場合があります。

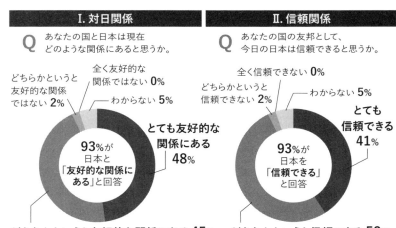

アジアから嫌われているなんてとんでもない。違います！
アジアから愛され信頼されているのは日本です。と、声を大にして言いたい。２００回以上もアジア各国を訪ね、観光地ではないその土地の人々と触れ合い、話をして、食事をして、共に汗だくになって働く経験を数多くやってきた。

だからこそわかるのです。アジアの人々が日本を信頼していることを。我が国を嫌い蔑《さげす》むのはたった3カ国だけです。自信をもって言うことができます。

日本人の中には、アジアに迷惑をかけたから嫌われ憎まれていると今でも思っている方がおられる。これはやめたほうがいい。違います。**日本は愛されている**のです。

１７８～１７９ページに外務省が発表した図表とグラフを掲載した。アセアン各国の日本へ対する信頼度についてである。

◎デジタル時代だからこそ歴史を語れる人間に

最近のＡＩの進歩は目をみはるものがある。ちょっと学びが遅れるとさっぱりわからない。時代についていけないことも。ましてや私のような初老の男性にカタカナ言葉はさっぱり理解できない。だからこそ、年齢を重ねた者ほど学ばないといけないと思っている。デジタルだろうと何だろうと、人間が作ったものだ。理解できないとの言い訳は置いておこう。

ただ、今こそ中高年は有利。デジタルで走ると大きな弊害が出ると自信をもって言える。ピコピコと原因と問題を入れると、正確な答えが出てくる。これは人間には通用しないだろう。デジタルだけだと歪みは間違いなく生じる。アナログを知るからこそ大事な点を見逃さない。

アナログ的人生経験をもつ中高年の出番。そのために歴史を学びデジタルを学ぶ必要があるのだ。人間としてデジタルでは測れない、心の幅が重要になると確信している。

第2章

「ボランティア」から見えてくる変わりゆく日本と日本人

◎最も大切なボランティアは自分自身が一生懸命に生きること

日本人のボランティアに対する概念は、「貧しい人々を助けてあげる。困った人々を助けてあげる」が基本的な考え方かもしれない。国際協力などでは、貧しき途上国の人々に対し「教えてあげる」「変えてあげる」「お金を出してあげる」「古着や使い古した学用品などをあげる」となる。「あげるあげる」のオンパレードが前面に出てくる。

この精神を決して否定するわけでもなければ、疑問を呈するものでもない。私が代表を務める認定NPO法人アジアチャイルドサポートは、「やって上げる」との概念は微々たるもの。ゼロとは決して言わない。「上げる」との思いは傲慢《ごうまん》さと上から目線を生んでしまうことを、経験でわかっている。

活動の指針は「上げるではなく分ける」「教えるではなく学ぶ」「現地を尊敬する」の3つ。

「感謝はいただかない」は交流の基本。理念は「自分自身が一生懸命に生きること」。自分自身が懸命に生きるからこそ、自分の命も人の命も尊いと思う。懸命に生きるからこそ人の痛みや悲しみが胸に伝わってくるのです。これらはボランティアという言葉の原点である**「自ら湧き出るもの」**と一致する。

これからボランティアの世界は変わる。特に国際協力系の団体は苦戦するだろう。会員も浄財も激減していくと覚悟している。日本人そのものに余裕がなくなった気がするからだ。以前からよく言われる「なぜ外国を助けるのか？　国内でも困った人がいっぱいいるのだから、先に日本人を助けるべきじゃないか。日本人で困った人々がいなくなって初めて、外国に手を差し伸べるのが当然だ！」という考え方がますます強烈になってくるだろう。「外国は放っておけ」という意見が増えていくのも間違いない。

しかし、日本人はかつてたくさんの国の人々から助けられたことを忘れてはならない。戦後、日本は海外から実に多くの道路、学校、発電所、線路、工場……と様々な援助をしてもらった。それなのに外国は助ける必要はないなどと言えるのだろうか？

昔の日本人は違った。**1919年パリ講和会議において「人間は人種や肌の色で差別してはいけない。人はみな同じである」と『人種的差別撤廃提案』を行なったのは日本だった。**白人だけが人間だった当時、徹底的に差別されながらも自らの力で五大国にまで上り詰めた。

白人たちを前にしてもひるむことなく戦う日本人は美しかった。敗戦後の日本人は必死になって貧しさと戦い続け、わずかな時の流れで先進国に仲間入り。そしてすぐに、アジア、アフリカの人々に応援を始める。一時期は世界で最も異国を助ける国家となった。しかし、もはや今は、自分だけの世界観になってしまった。残念だが道徳心の計り知れない衰退は確実に起きている。

私は**「ボランティア」にとって一番大事なのは「お金」である**とはっきり伝えている。**「愛」は当たり前。空気のようなものだ。**当然だから語る必要はない。お金によって現実的に人の命を守る立場。多くの方々を守り続けている。学校や井戸、橋、道路、診療所などを作り、ハンセン病で苦しむ人々や、HIVの女性達、孤児達を支えている。

お金がないということは命がなくなるに等しい。決して綺麗事は言わない。真実の叫びと言ってもいい。「お金なくして人の命が守れるか！」と声を大にして語る。だから徹底したマネジマントをやってきた。だから守れるのだ。会員を増やすのも浄財を集めるのも大変だろう。だから学ぶ。SNSで訴えることができないか？　ファウンディングで集めることはできないか？　と悩む日々が続いている。

これからの日本が弱くなっていくのは間違いない。**20年以上もGDPゼロ成長の国は日本だけ。信じられないぶざまさ。**あの凛々しい日本人はどこにいったのか。アジアを回っていても日本の存在感は急激に弱くなっている。悲しいかな、これが現実。ほんとうに弱くなってしまった。

◎もちろん、日本に対する活動にも力を入れている

国内支援には非常に力を入れている。青少年の健全育成に関して、長い間取り組み続け

ている。講演会、写真展で、「懸命に生きること」の大切さを訴え続ける。東日本大震災支援は今も続く。もちろん熊本・大分地震も。足元の活動は非常に大事。「祖国を愛するが国際協力の基本」と常に訴える。**自分を愛せない人間が他人を思いやるのは難しいのと同じで、自国を愛せない人間は他国の憂いに気づくわけがない。**

アジアチャイルドサポートでは、「知る」「分ける」「尊敬する」の３つを行動指針にしている。そして一番大事にしているのが「**最も大切なボランティアは自分自身が一生懸命に生きること**」との思い。これが活動の理念です。

◎「私の夢は大人になるまで生きること」と語った子ども達

「**あなたの夢は何ですか？**」と子ども達に聞く。指差し単語帳（マンガなどを使い、わかりやすく、現地語を書いている書物。クメール語、ラオ語、ビルマ語、モンゴル語と大いに役立った）を使い、子ども達とコミュニケーション。言葉がわからなくても何とかなるもんです。

フィリピンのゴミ捨て場で暮らし、真っ黒に汚れた少女に、「あなたの夢は何ですか？」

と聞いた。他の子ども達にも夢を聞いた。

数名の子ども達が「**私の夢は大人になるまで生きること**」と答えた。フィリピンだけではなく、カンボジアのゴミ捨て場でも聞いた。

多くの子ども達が「大人になるまで生きたい」と夢を語る。より具体的に話す子も。

「おじちゃん、僕は15歳まで生き延びたい。15歳からは大人だから、自分の意思でゴミ捨て場から出ていける。大人になったら、こんなところから出て、まともな仕事を探して普通の暮らしがしたい」と願う少年がいたが、現実的には難しい。文字の読み書きさえできない子ども達にとって、まともな仕事に就くことは難しい。家賃など都会の生活費は高いので、結局はゴミ捨て場に戻り、ベニヤ板やトタンでできたバラックに住むという元の暮らしに戻る。悲しい現実が、そこにある。

カンボジア。ゴミ捨て場で働く子ども

◎マンホールで会った少年の夢は「犬になりたい」

モンゴルのマンホールに暮らす8歳くらいの少年に、「あなたの夢は何ですか？」と聞いた。

「僕は犬になりたい」と答えたその少年の顔が今でも目に浮かぶ。

モンゴル・ウランバートルでのできごと。1990年代の初頭、社会主義の崩壊が原因で政治と経済が大混乱し、大量の失業者が出た。家庭は崩壊し、家族がバラバラに。街にはホームレスの子ども達が溢れていた。

極寒の地モンゴルは冬にはマイナス30℃が当たり前。その寒さは恐ろしいほどで暖房なくしては生きていけない。ウランバートルは郊外に大きな火力発電所がある。石炭を燃やして発電しているのだが、その熱でお湯を沸かし、そのお湯を送水管で街に送ってアパートや公共の建物などの暖房を行なう。外はマイナス30℃、時にはマイナス40℃を超えることもあり、この寒さでは生きていけない。

だから暖房用の温水が通るマンホールの中に潜《もぐ》る。生きていけるからだ。人間だけではなくネズミや虫もマンホールの中へ。汚水と汚臭が充満する穴倉で生き抜く。私もマンホールに入り、子ども達と数時間を共にした。ろうそくの灯りを吹き消したとたん、虫やネズミがたかる。恐ろしいほどだった。そんな深い闇で子ども達は生き抜いていた。

お湯の通るマンホールは特別な地域にあるのではなく、普通の、日常を暮らす地域に存在する。子ども達が暮らすマンホールの真ん前には普通のアパートが立ち並ぶ。

マンホールの前には普通に暮らす幸せな家族が、道路には野良犬の家族がいた。母犬と子犬が3匹。少年は犬の母子をじっと見つめながら**「僕はお父さんもお母さんも知らない。顔も**

モンゴル、マンホールの中で眠る子ども達。外は－40℃。寒くて生きていけない。暖房用の温水が通るマンホールだと暖かい。その中は地獄だ。子ども達は「もう嫌だ〜」と叫んでいるようだった

わからない。僕は人間だけど、お母さんと一緒に歩いているあの子犬達が羨ましい。僕もあんなお母さんが欲しい、僕も犬になりたい」と母犬を指差して言い、うつむいた。

スリランカのゴム農園に先祖代々住み続ける家庭の子ども達に、「あなたの夢は何ですか？」と聞いた。

「**夢？」と言って首を振った**。答えることができなかった。

これもまた辛い。かつてイギリスの植民地だったスリランカ。その時代、彼らの両親やその先祖達が、イギリスの経営管理するお茶畑やゴム農園の労働者として連れて来られたのだ。インド南部のタミール人も多い。１００年を超える古い建物にそのまま暮らし、その農場で働き、現在も極貧の中で生きている。

タミールの子ども達は明るく元気なので、よけい強烈に胸を打つ「夢を語れない子ども達」だった。「将来何になるのと聞かれても困る。両親はゴム農園で働いているし、爺ちゃんも婆ちゃんも同じ。ずっと先祖代々、ゴム農場で働いている。だから私たちも農場で働くしかない」。将来の夢が語れない、かなり辛い現状だ。

カンボジアの10歳の少女に聞いた。「あなたの夢は何ですか？」。街に出るときは「うつむいて歩く」と言い、娘は汚れた手を見つめた。彼女は両親と2人の弟と暮らしている。家庭が貧しく、家族のために朝から晩まで働き通し。大人しいが頭の良さを感じる子だった。

「何でうつむいて歩くの？」と聞くと、「街に出ると同じ年頃の子ども達がカバンをもって学校に通っている。羨ましくてたまらない。悲しくなるから見たくない。だからうつむいて歩くの」と悲しく答えた。「そうか、そういう意味か」と私もうつむいた。

少女の名前はハーレちゃん。手も足も顔も真っ黒に汚れている。そして

ハーレちゃん。「あなたの夢は何ですか？」との問いに「夢は見たことがありません。生きるだけで精一杯だから」と言った。10歳の少女の言葉

いつものように「あなたの夢は何ですか？」と聞く。

「夢は見たことがありません。生きるだけで精一杯だから」と小さな声で答えた。

◎タイのスラムで出会った少女は「夢を見てもいいの？」と言った

タイ・バンコクのクロントイ湾に面したスラムがある。以前は近づけないほど危険な場所で、薬物中毒者も溢れていた。子ども達の状況も最悪。薬物に汚染され、ボロボロになった少年少女がフラフラになりヨダレを流して歩いていた。

初めてこのスラムに入ったのは23年前。それから数回このスラムへ足を運んでいる。現在はかなり良くなっている。道路、水道、電気などのインフラも整備され、普通の街になったような感じだ。

以前、このスラムで会った少女がいる。当時、12歳くらいだった。現在はどうしているかわからない。この娘にいつものように「夢」を聞いた。

するとキョトンとした顔で**「えっ！　夢を見てもいいの？」と言うのだ。**

このスラムの子ども達は悲惨な状況だった。女の子は売春婦になるのが当たり前とも言われていた。そんな娘に「夢は？」と聞いたので驚かれたのだ。自分は幸せになれないことも覚悟していた。こんなところで生まれた私には何もできないと子ども心に思っていたのだろう。久しぶりにタイを訪ね、スラムの前に立った時、あの少女はどうしているのかと考えていた。普通に幸せになっていてほしいと願っている。

カンボジアのゴミ捨て場　トラックに群がる子ども達

子ども達に夢を聞くと、日本人にとって当たり前のことを夢だと語ることも多い。究極は「大人になるまで生きること」だ。

自分自身も「大人になるまで生きるのは当たり前だ」と思っていた。衝撃的な言葉だった。それが数名の子ども達の口から悲しく飛びだした。

決して、恵まれた自分と大変な子ども達との比較をしているのではない。こんなにも過酷な状況で懸命に生き抜く子ども達が偉い、すごい、立派だと思った。そんな子ども達を尊敬する自分もいた。この子達は偉大だ。大事にしなければ。できることはやっていく、と決めた。

そして30年近く経った今も続けている。異国の子どもも日本の子どもも一緒だよ。だからやっていく。そろそろ山の中やスラムを歩くには肉体的な限界もやって来た。若い人たちへのバトンタッチも重要な仕事。次世代にしっかりと繋いでいく。多くの方々の支えがあるからこそできること。感謝の思いは大きく膨れ上がる一方です。有難うございます。

◎母の愛の深さは、どこまでも

お母さんに感動したことも多かった。男にはない強さに驚く。

ミャンマーのエーヤワディーでのできごと。この地域は熱帯地域特有の蛇行する川が多い。道がないため車は使えないので、主な移動手段は船になる。大きな川は大きな船で、小さな川はカヌーのような小船で走る。でっかい川から支流に入り、さらに奥地に行く時には船を何度も乗り換え、目的地にたどり着く。

この地域に学校兼コミュニティセンター、避難所にも使える大きな学び舎を数多く建てできた。川の氾濫、サイクロンなど災害多発地域。だからこそ頑丈な建物を建てている。普段は学校、時には村の集会所、災害時には連絡センター、援助物資保管・配布所にも変わる。

ある村の学校建築調査に入った時、船の停泊所近くの住民から「日本人を待つ赤ちゃんを抱いた夫婦がいる。もう3日も川辺に板を敷いて寝泊まりし、あなた達日本人を待っている」と聞かされた。いやはやと思いながら、その親子と会った。するとお母さんが即座に「この子を助けてください」と泣きだした。お父さんは母親の後ろでオロオロ。子どものことになると母の力は絶大だ。「わかったから落ち着いて」と座らせ、私も目線の高さを合わせて腰かけた。

やっと落ち着いた母親は、「この子は生まれながらにして肛門がありません。だから友達、親戚を駆け回り、お金を借りまくって、簡易的にお腹に穴を開け、便を取り出している」と赤ちゃんのお腹を見せた（実は結構、このような子どもは多いようだ。日本でも同じ症状の子ども達もいると後で聞いた）。確かにお腹にまん丸の穴が開いて内臓（恐らく腸だろう）が見えている。

簡易的な手術まではやったのだが、ちゃんとした人工肛門の手術をしないと、この子はもたないとドクターは言う。でもお金がない。もうこれ以上は無理。この子は死ぬしかないのかと諦めの境地でもあったらしい。

すると誰かが「学校を建築している日本人が来るらしいよ」と言った。「日本人に頼むしかない」と、母親はすぐに私が調査に行く村の近くへと赤ちゃんを連れて来た。船着場にいないと日本人と会えないかもしれないと、川辺で待ち続けていたのだ。大変だったと思う。

やっと4日目に日本人の乗る船がやって来て、日本人が降りてきた。赤ちゃんを抱いた夫婦は「助けてください」と叫ぶような声で頼む。母親は泣きながら頼む。いや〜、実に困った。私が主宰する団体は個人の願いは受けてない。それは、キリがないから。個人的な要請を受けての活動はしない。公共的な応援を行なっている。「すまんがこれはうちの団体ではやってない」とはっきりと伝える。

母親はそれでも必死だ。まいったなと思いながら「落ち着いたら、あなたの家を訪ねるから待っていて」と促す。調査の足を止めるわけにはいかないからである。

全ての打ち合わせ調査の終了後、親子の家を訪ねた。ボロボロの竹とヤシの葉とワラでできた住居に入ると、家族全員で私を待っていた。家具らしいものは、鍋釜、仏壇以外、ほとんどない。父親は畑を持たない貧しい小作民。子どもは赤ちゃんを含めて5名。上は15歳の長男、12歳の長女、それから8歳と6歳の次男・三男だ。人相の悪い色黒の外国人を見て緊張している。怖いとの思いもあったろう。

状況を詳しく聞いてどうすればいいのかと思案に入る。「これはうちでは無理だな」との思いがよぎる。両親に「検討はします」と答えるもやはり無理。少しだけの医療費としてチップを渡し竹の家を出る。

困った、と内心は思っていた。そして村の小道を船に向かって歩く。6歳の三男が私を追っかけてきた。そして泣き出しそうな顔で「日本のおじさん、自分に弟の手術代を貸してくれ。必ず返すから」。私を見つめ涙をこぼした。「弟が死んでしまうんだ。必ず返すから」と何度も言う。ヨシ! わかった。団体としては個人的な援助を行なうことはできない。だが「お前と男同士の約束をしたい。弟の手術代は私のお金をお前に貸そう。絶対に返してくれよ(もちろん返してもらう気はない)」と約束をする。そして手術が行なわれ、赤ちゃんは元気よく育っている。

この家族の絆は深かった。子ども達全員が弟を助けるために学校を辞めたという。裕福な農家へ働きに出ている。皆で稼いで弟の手術代をとがんばっていた。長女が家事一切を行ない、体調の悪いお母さんを支える。お父さんは大人しいが真面目な方。口下手ながらも誠実さに溢れた人物だ。まいったよ、全く。すごい家族だよ。

母親の根性の入った訴えがなければ、この家族の家には行かなかっただろう。わずか6歳の三男の「自分に金を貸してくれ。必ず返すから」との訴えがなければ手術はできなかったろう。末っ子は元気よく育っている。私がこのあたりに行くと聞いたら、家族全員で会いにくる。必ず「有難う、生きています」と言ってくれる。

三男は母の背中に隠れながら貯めたお金（日本円で10円程度）を差し出す。男同士の約束を果たそうと懸命だ。「はい！」としっかりと受け取る。笑顔で走り回る四男を見ていると素直に嬉しい。

ただし絶対に神様、恩人にはならない。もう会わないことも大事。赤ちゃんの情報は現地の方々から入ってくる。**個人的な感謝をいただかないというのも活動基本姿勢の一つ。**

感謝をいただくと傲慢になるケースが多い。皆でやっている支援。だから個人への感謝はお断りしている。遠くから見守るのが基本。

◎「この子を3000ドルで買って」と言って泣いた母の胸のうち

東南アジアのとある広大な街のゴミ捨て場。ここの集会所を訪ねると、上品な感じの母親が3歳くらいの娘を抱いてやって来た。顔は色黒だが日本人だとすぐわかったようだ。ビデオカメラや一眼レフカメラを見て判断したのだろう。

「あなたは日本人か？」と英語で聞いてきた。「そうだよ」と言うと、「マスターにお願いがある」と真剣な表情を見せた。「何だ？」と返答。モジモジオドが始まった。意を決したように「この娘を3000ドルで買ってくれ」と頼んできた。「ちょっと待て！ 何を言っているんだ」と突き放す。それでも「2000ドルでいい。1000ドルでもいい」と粘り頼み続ける。「なんて母親だ！」と怒り心頭。大声で怒鳴る。

とうとう母親は泣き出してしまった。「頼むから娘をもらってくれ」と言い続ける。泣きやむのを待って静かに問いかける。「どういうつもりなんだ」と。母は涙をぬぐい「娘が可愛いからこそ、買ってくれ、もらってくれと頼んでいるの」と、また、泣いた。

こんなゴミ捨て場の暮らしでは娘が幸せになることはないと母親はよく知っている。ゴミの中で暮らしていると大人になるまで生きることさえ難しい。ボロボロになっていくのだ。だから日本人に娘を預けたい。「娘の幸せを考えてあなたに頼みたい。私の娘をもらってください。娘を日本に連れて行ってちょうだい。勉強させてほしい。幸せにしてやってください」とわずかな望みと希望をかけて頼んできたのである。

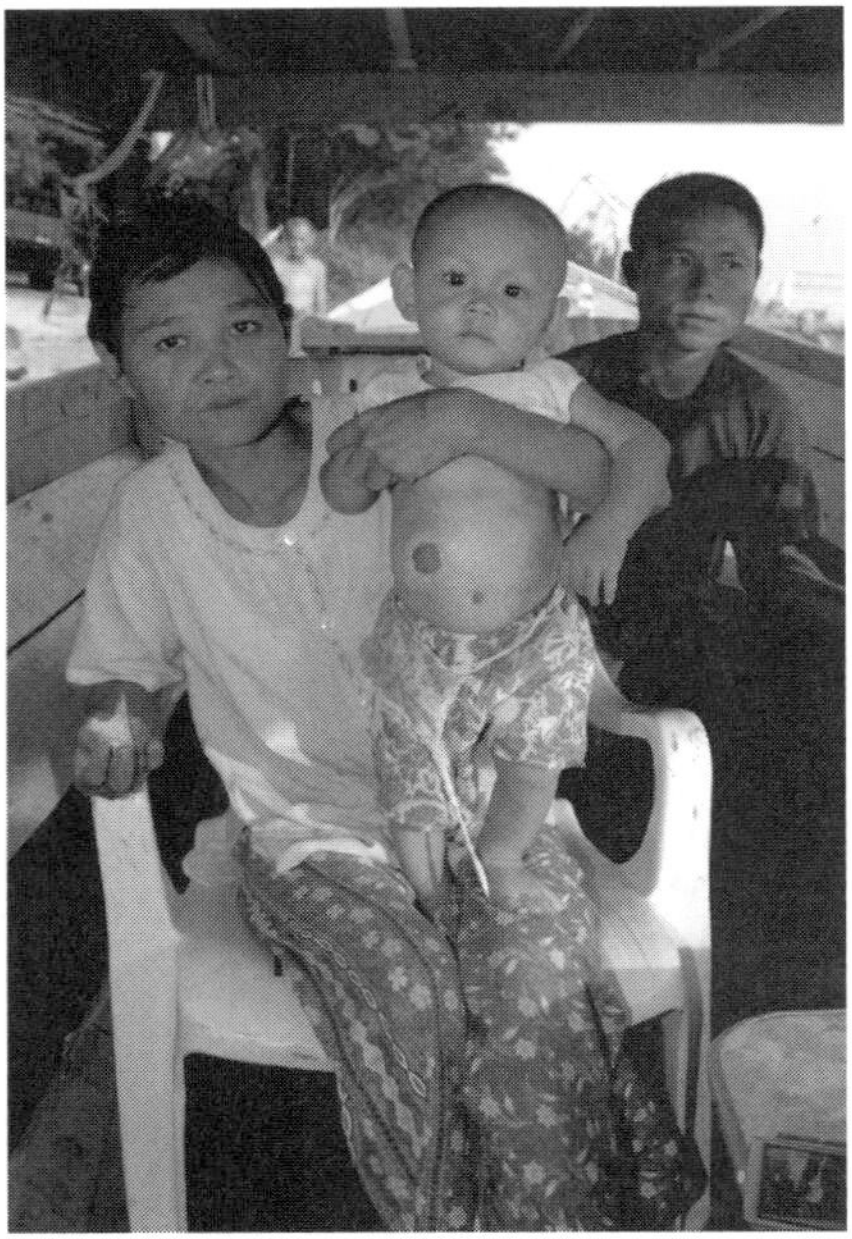

母親は子供を抱いて川辺でずっと私を待っていたと言う。声を限りに「息子の命を助けて！」と叫んでいた。母の力は偉大だ

「我が子を愛する思いはどこでも一緒。皆日本人と同じだよ。愛する我が

子を見知らぬ日本人にあげるなんて、ほんとうはとんでもない。一緒に暮らしたいよ。でもこのままでは幸せになれない。生きていけないんだ。だから日本人に預けたい。娘の幸せを願っているんです」と言った。

何にも言えない。どうしたらいいんだ。どうしようもなかった。

◎知ることが、命を救うこともある

あえて悲しみを書いた。

お涙ちょうだいで悲しい体験談を書いたんじゃない。どうか知ってほしいんです。今日を生きることさえままならない人々がいることを。

同じアジアに暮らす人々が泣いている。子ども達は想像を絶する世界で暮らしながらも必死になって生き抜いている。私たち日本人の少しだけの善意は必ず命に変わる。

親が子どもを愛する心は世界のどこであろうと同じです。我が子を愛する思いは同じです。子どもを捨てる親、子どもを虐待する親は日本にも存在する。それも真実。多くの親は子どもを愛している。それは間違いない。子どもと別れざるをえない状況も理解してほしい。**これは愛情の欠如ではなく貧しさが原因です。**絶望的な貧困が別れを生むのです。**子どもが親を愛する思いは非常に強い。逆に私たち日本人が学ぶことも多い。**これほどまでに親を思うのかと何度も感動した。自分の親不孝を恥じた。愛情深き子ども達を尊敬してやまない。これも真実なる思い。

◎歴史を学んで誇りをもつことが、日本の未来をつくる

若い頃、日本人として何かが足りないといつも思っていた。祖国への感謝などと思ったことは一度もなかった。何も知らなかったのだから仕方がないのだが、今思うと実に惨めだ。他国に出ると、子どもでも自分の国に誇りをもち、歴史や文化を語る。仏やキリストについて語る。ヒンズーやイスラムの教えを真剣に守っている。それなのに、自分は自分と周りのことだけしか知らず、テレビから流れる政治、経済、事件……そんなことしかわからなかった。

このままではダメだと教えてくれたのは異国の人々だった。自分を知るには自国の歴史を知らないといけない。日本語を使い、日本の文字を書き、日本人を相手にして仕事をし

て食べていくのだからそれは自然なことだ。

「日本が大事にしてきたのは何か。なぜ、日本人の今があるのか」。歴史を真剣に学んできた。だからこそ感謝の想いが生まれ、誇りをもつようになった。日本人としての責任を感じるようになり、個人の問題としてだけではなく、国家観をもって未来の日本、将来を担う日本の子ども達のことを見つめるようになった。

「感謝こそ誇りであるとの深い認識と覚悟をもち、未来の日本に何が大事かを考え行動する」ことが非常に大切だと私は思います。

あとがき

改めて、池間先生との出会い、そして、こうやって共著を完成することができたことを、池間先生とＣｌｏｖｅｒ出版様に感謝いたします。

また池間先生の奥様、理恵さまにはいつも優しくアドバイスいただき、ありがとうございました。


【愛が溢れるから心配になる】


まさに親が子や孫を思うように、未来の日本を心配してくださる池間先生の文章や講話を聴いて、私たちが何を感じて、どのように行動していくのか。

日本の領域、天皇、宗教、国家、教育勅語など話題にしない私たち日本人。

公憤や義憤を考えもしない人が多いのは、戦後の思考をつくる環境と〝今〟の日本人の志の低さによるものです。

ただ、その当時の先導者や教育者だって、日本の未来を心底考えてくれていたはずです。学校の先生にも恵まれ、大好きな先生は今でも私の憧れであり、座右の銘にしている言葉もあります。

私は日本が好きで、日本人であることに誇りを持っています。

生まれ変わっても日本人として生きたい。

今後日本は、人口が減少することはわかっています。経済も縮小します。

ただ、領域は命を懸けて守るべきであり、志の高さや意志を表現することは、一人ひとりが覚悟を持つだけだと思っています。

できない理由を考えるのではなく、どうやったら実現するかを考えるのが人生であり、歴史を知ることにより、未来が見えるのです。

私は、池間先生からのバトンをもらい、前だけ見つめながら突っ走っていきたい。一朶《いちだ》の輝く雲があることを信じ、その雲のみ見つめて、世界一の教育実践家の坂を登っていきたいのです。

そして、志の高さで、こんな風に先人にほめてほしい。

「俺たちの志や使命感も相当高かったが、原君も、相当なもんだな。応援しているよ」

私の心に一生消えない原動力の火をくださった池間先生。本当にありがとうございました。

そして、この本を読んでくださっているあなた！　ぜひ、池間先生の講演を聞いてみてほしいのです。池間先生の声や文章にもっと触れてみてほしいのです。

きっと、あなたのＤＮＡの中に眠る、日本人の志や使命感に火が点《つ》くと確信しています。

新型コロナウイルスの感染拡大で世界中に元気や勇気が必要な時代です。一人ひとりが自分や先人をほめ、感謝し、光輝く存在になり、周りの人を輝かせていきましょう！

また、どこかでお会いできることを心から楽しみにしています。

２０２１年２月吉日

ほめ育グループ代表　原邦雄

【著者略歴】

原 邦雄（はら・くにお）

ほめ育グループ代表
日本発の教育メソッド「ほめ育」を開発し、世界 17 か国、のべ 50 万人に広めている。大手コンサルタント会社から飲食店の洗い場に転職し、4 年間住み込み、店長を経験し独立。
「ほめ育」は 320 社以上の企業や、幼児教育をはじめとした教育機関にも導入され、また起業家支援も行なっている。海外 TEDx 登壇（2021 年 8 月予定）。
著書は 15 冊（英語、中国語、韓国語にも翻訳）。テレビ朝日『報道ステーション』、NHK、『The Japan Times』などに登場。趣味はトライアスロン。モットーは「意志あるところに道は開ける」。

【著者略歴】

池間哲郎（いけま・てつろう）

行動カメラマン
（社）アジア支援機構代表理事　認定 NPO 法人アジアチャイルドサポート代表理事　JAN 代表　沖縄大学非常勤講師
会社経営の傍ら『国際協力を通し、現地の人々から「人としての在り方」、「力強く生きる方法」を学ぼう』と 1987 年に講演を開始。大学「国際ボランティア論」、私塾「日本塾」、「子伝」も好評で、写真展・講演等の視聴者は 150 万人超。FB、Youtube 発信も。代表を務める国際協力団体は今年、創立 22 周年を迎え、いまも 10 か国で活動中。著書『講演録～懸命に生きる子どもたち～』（取扱：アジアチャイルドサポート）、『日本はなぜアジアの国々から愛されるのか』（育鵬社）、メディア「NHK ラジオ深夜便」「テレビ寺子屋」他

装　幀／横田和巳（光雅）
本文組版・図版／アミークス
校正協力／永森加寿子
編集協力／山内早月、小関珠緒、戸田美紀
編　集／田谷裕章

「生きる力」を取り戻せ

志・感謝・公憤——心を燃やす〝原動力〟の引き出し方

初版1刷発行 ● 2021年3月19日

著者

原《はら》 邦雄《くにお》　池間《いけま》 哲郎《てつろう》

発行者

小田 実紀

発行所

株式会社Clover出版

〒162-0843 東京都新宿区市谷田町3-6 THE GATE ICHIGAYA 10階　Tel.03(6279)1912　Fax.03(6279)1913
https://cloverpub.jp

印刷所

日経印刷株式会社

ISBN978-4-86734-011-0　C0095